改訂第2版

ロジスティクスの基礎知識

浜崎章洋

フレッシュマン必携本

海事プレス社

はじめに

「ロジスティクス」とは、そもそも軍事用語です。戦争の際、前線に兵士をはじめ武器や弾薬、燃料などの軍事物資、さらには食料や医薬品などの生活物資を計画的に補給することを意味します。日本語では「兵站（へいたん）」と言います。前線基地に、武器や弾薬が足りないと戦えません。また、食料が不足すると士気も低下しますし、無くなると部隊の存続すら危うくなります。一方、不足を恐れて、前線基地に大量の物資が保管されていると、部隊の移動に支障をきたします。前線基地へは、「必要なモノを、必要なだけ、必要な場所に、必要なタイミングで計画的に補給」しなければなりません。軍事物資や生活物資を前線基地に補給する計画から物資等の調達、保管、輸送などの一連の活動が、もともとの「ロジスティクス」です。

この「必要なモノを、必要なだけ、必要な場所に、必要なタイミングで計画的に補給」することは軍事だけでなくビジネスにも役立つのでは、と考えられ始めました。ただし、ロジスティクスがビジネスに導入されるには、「適正なコストで」というコストの概念が必要です。つまり、「必要なモノを、必要なだけ、必要な場所に、必要なタイミングで、適正なコストで計画的に補給」する産業界におけるロジスティクスのスタートです。

ロジスティクスには、軍事と産業界の二つの分野があるので、軍事をミリタリー・ロジスティクス、産業界をビジネス・ロジスティクスと区別します。ただし、我々、民間人で軍事のロジスティクスに携わることは稀でしょうから、本書でロジスティクスという場合は、産業界のロジスティクス、つまりビジネス・ロジスティクスと理解してください。余談ながら、軍事用語がビジネス界でも流用されている言葉に、「戦略（ストラテジー）」があります。最近は、プロジェクトチームのことをタスクフォース（機動部隊）と呼ぶ企業もあります。

ロジスティクスは、我々の身近な存在です。読者諸賢が通信販売で商品を受け取ったり、コンビニエンスストアで弁当を購入できるのも、その背景にはロジスティクスがあるからです。災害時には自治体や自衛隊などから救援物資が届くのもロジスティクスのおかげです。聞きなれない言葉かもしれませんが、ロジスティクスは、我々の日常生活には無くてはならないものです。それにもかかわらず、ロジスティクスに関する知識や情報はあまり知られていません。ロジスティクスとは何か、ロジスティクスを支える物流の役割とは何かを第1章と第2章で説明しました。

第3章では、ロジスティクスを支える物流の機能について解説しています。

本書ではロジスティクスの仕事についても触れています。就職先として、また転職先としてロジスティクス関連の企業や部署に興味を持つ学生や社会人が増えているようです。優秀な人材がロジスティクスの仕事に興味を持ってもらえるようにと、第4章ではロジスティクスの仕事やマネージメントについて紹介しています。

さて、東日本大震災を機に、これまでの効率化や合理化一辺倒であったロジスティクスやサプライチェーンが見直されています。企業の事業継続や供給責任といった新たな課題については第5章で説明しています。

また、近年、企業活動がますますグローバル化しています。衣類の90％以上は海外からの輸入品です。日本の食料自給率は約40％ということですから、残り60％の食料が輸入されています。またエネルギーは90％が輸入されているのが現状です。好むと好まざるにかかわらず、日本人は輸出入なしでは生きていけないのです。このような状況にもかかわらず、貿易やグローバルロジスティクスに関する情報や知識は、あまり知られていないため、第6章と第7章で分かりやすく説明しています。

本書は、ロジスティクスを学ぶ学生、若手のビジネスパーソン、ロジスティクス分野の仕事に就いた方々のロジスティクス入門書として活用いただければと思います。

2012年9月

浜崎　章洋

改訂版　はじめに

本書は2012年の発刊以来、2015年の改訂を経て2回目の改訂となります。改訂版を執筆するにあたって、心掛けたことがあります。時代が変わっても不易の部分は、内容を変更せずに、読みやすく理解しやすいように工夫しました。一方で、技術革新や法令、あるいは流通などの変化があるところは最新の事例やデータを紹介するとともに、時代に合わせて大幅に書き換えました。

さて、2017年が「新物流時代の幕開け」ではないかと筆者は考えております。ヤマト運輸の宅急便の総量規制を発端に宅配便各社、路線便各社の運賃値上げが起こりました。また、自動運転、ドローン、ロボット、AI（人工知能）などの新技術が注目され、物流においても実用化に向けた実証実験が始まりました。また、「働き方改革」による長時間労働の是正に向けて「ホワイト物流」という言葉も登場しました。

また、日本では数年来、地震、台風や豪雨などにより大きな被害が出ています。被災地に救援物資等を補給するための災害時のロジスティクスの重要性も高まっております。

筆者は、「ロジスティクスで国際平和を実現できる」と信じて、学生や企業の方々にその意義を伝えております。本書で説明しているとおり、ロジスティクスのレベルが高い企業は業績が良いという傾向があります。企業の業績が良くなると社員に給与が多く払え、給与が増えると生活が良くなり心にゆとりが生まれます。心にゆとりが生まれると争わずに済み、逆に貧しいと争いごとが増えるのではないでしょうか。

筆者は政治や経済が専門ではないので、国を豊かにする方法はわかりませんが、ロジスティクスの重要性は知っています。一人でも多くの方がその重要性を理解し、実行することが遠回りながら平和につながると思っています。

本書が読者諸賢の会社（あるいは将来就職する会社）の業績向上につながれば幸いです。

2020年3月

世界平和を祈念し　浜崎　章洋

第1章 ロジスティクスとSCM

第2章 ロジスティクスを支える物流

第5章 これからのロジスティクス

第6章 グローバルロジスティクスと貿易ビジネス

第7章

グローバルロジスティクスの展望と課題

第1章

ロジスティクスとSCM

1 ロジスティクスの全体像

企業活動全体をボーダーレスに最適化

企業には、さまざまな活動があります。例えば、原材料や部材の「調達」や商品の「仕入れ」、工場等での「生産」、顧客に商品を購入してもらう動機づけとなる「販売・マーケティング」、取引が成立したものを取引条件に沿って届ける「物流」など。付加価値を生み出すこれらの活動は主活動と呼ばれます。また、会社を運営・維持するために必要な総務や経理、人事などは支援活動と呼ばれます。ロジスティクスは主活動にあたります。

「ロジスティクス」という言葉がどのように説明されているのか紹介します。広辞苑［第5版］によると、「企業が、必要な原材料の調達から生産・在庫・販売まで、物流を効率的に行う管理システム」と説明されています。

日本工業規格（JIS）では、「物資流通の活動目標を最終需要の必要条件や環境保全などの社会的課題への対応に求め、包装、輸送、保管、荷役、流通加工及びそれらに関連する情報の諸機能を高度化し、統合化を進めるとともに、調達、生産、販売、回収などの分野との一体化、一元化を図る経営活動」（JIS Z 0111-1002）と定義されています。

少し難しいので、筆者が好きなわかりやすい説明を紹介します。日本で最初に物的流通部ができた会社が東芝と言われており、そこで初代の物的流通部長に就任されたのが佐藤文男氏です（佐藤氏はその後、東芝の社長、会長を歴任）。佐藤氏は、産業界においてロジスティクスにたいへん造詣の深い方でいらっしゃいます。

佐藤氏はロジスティクスを「調達から生産・物流・販売までをボーダーレスに最適化すること」と簡潔かつ的確に表現されています。企業における主活動を、ボーダーレスに最適化するということです。

この言葉を筆者が理解して具現化したのが左図です。企業の主活動において、ロジスティクスに関連する部分に色付けしています。これらの各活動をボーダーレスに最適化するのがロジスティクスです。

現実の企業活動を見るとボーダーレスに最適化されていないことがよくあります。例えば、調達や生産の部門に

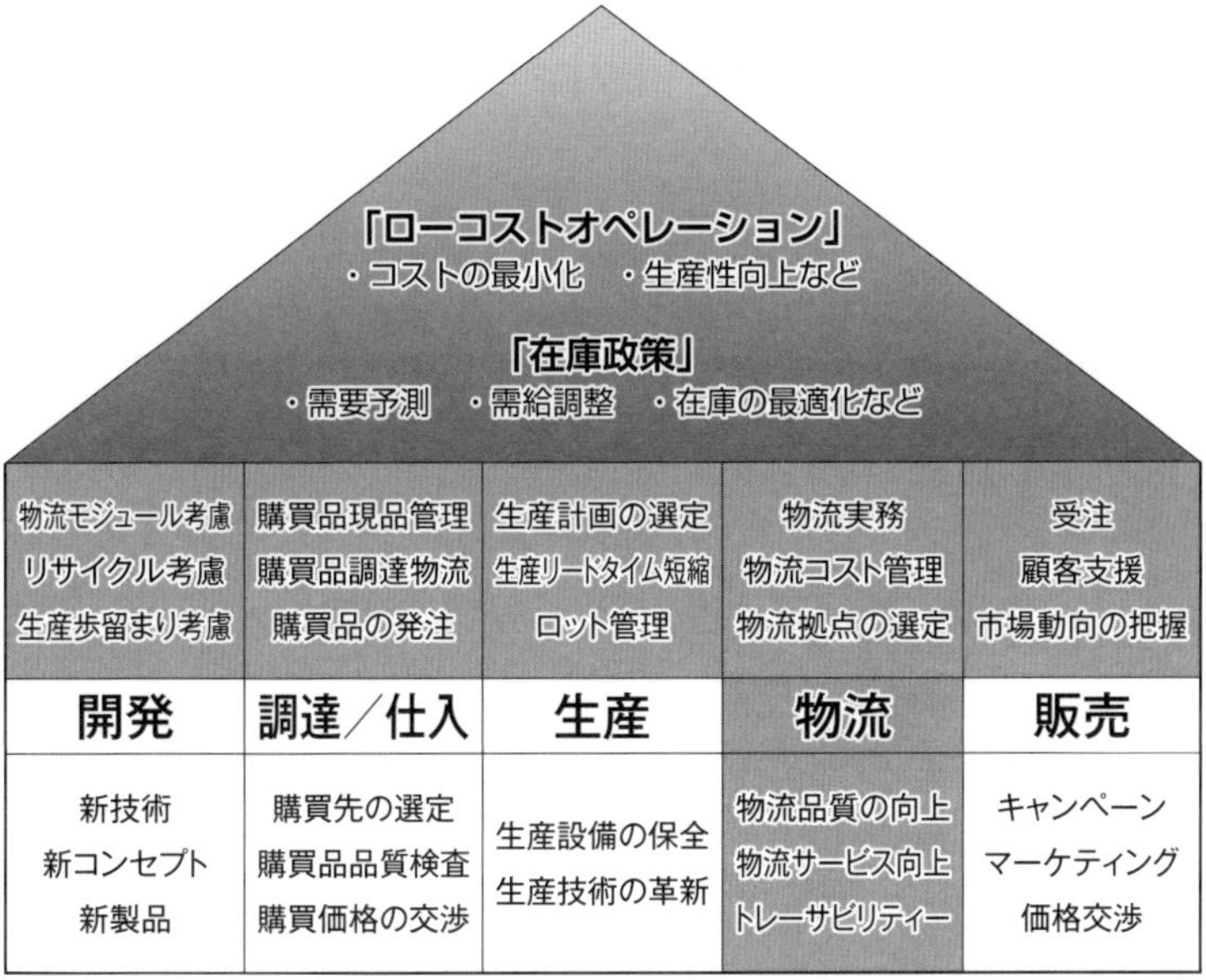

企業の主活動とロジスティクスの役割

は仕入単価や製造コストを削減するため、大量仕入れ・大量生産の傾向があります。「規模の経済」や「ボリュームディスカウント」といった考え方です。大量仕入れや大量生産により、それぞれの単価はダウンしたのに、それらを保管するための物流部門の保管費が増加したというようなことが起こります。

また、販売部門は欠品による販売機会損失を恐れるあまり、在庫を多めに持っておきたいという傾向にあります。しかし、思惑通りに販売できず賞味期限が切れて廃棄するようなことも発生します。このように、多くの企業では自部門の最適化を目指して活動しているため、会社全体から見ると必ずしも最適化されていないということがあります。

ちなみに、ロジスティクスを「物流」と混同して紹介していることがあります。「物流」は英語でPhysical Distributionと言って、ロジスティクスとは区別されます。第1章ではロジスティクスについて説明します。

2 「全体最適」で経営力を強化

「組織の壁」を取り払い、部門間で連携する

ロジスティクスとは何かを考える際、寿司屋の仕事を想像するとわかりやすいと思います。お寿司のおいしさの決め手の一つはネタの鮮度です。売れ行きを見誤り、余分にネタを仕入れてしまったからといって(過剰在庫)、鮮度の落ちた売れ残りを出せば味が落ちてしまいます。あるいは売れ残りを廃棄すれば(不良在庫の処分)その分、利益を圧迫することになります。

会社も同じで、余分な原材料や部品の仕入れ、過剰生産による不良在庫、押し込み販売による月初や期初の返品など自部門の都合(部分最適)が優先されると、トータルコストが上昇する可能性があります。

寿司屋であれば、経験に基づいた需要予測と提案営業(今日のおすすめ)により、大将一人で在庫最適化の意思決定をすることができます。大将が在庫量(仕入れと仕込み)を最適化することにより、新鮮なネタで顧客サービスを向上させるだけではなく、ネタの廃棄処分損がないため利益率も高まります。

これに対して、会社経営では購買・生産・販売・物流など部門間の調整が必要になります。この調整が簡単なようで難しいのです。

ビジネスパーソンとお話ししていると、よく「組織の壁」という言葉が出てきます。営業部、製造部、物流部、調達部といった各部門間には壁があり、お互いの行動や考え方が良くわからないといったことです。売上を上げる、販売シェアを高めるといった会社の全体目標は明確にあるのですが、それを各部門に落とし込んでいく過程で「壁」ができるようです。

生産単価や仕入単価、物流コストの削減、売上の拡大など各部門の目標を達成しようとすると、過剰在庫が発生したり、緊急出荷が増加したりと全体的に見ると不具合が生じます。各部門はそれぞれの目標を目指して頑張っているのに、全体的にはうまくいかない、といった不思議な現象です。これを部分最適と言います。部分部分では最適化できているのですが、全体を見るとうまくいっていない状態です。

「お役所仕事」というのは、まさに部分最適に陥った状態です。組織が縦割

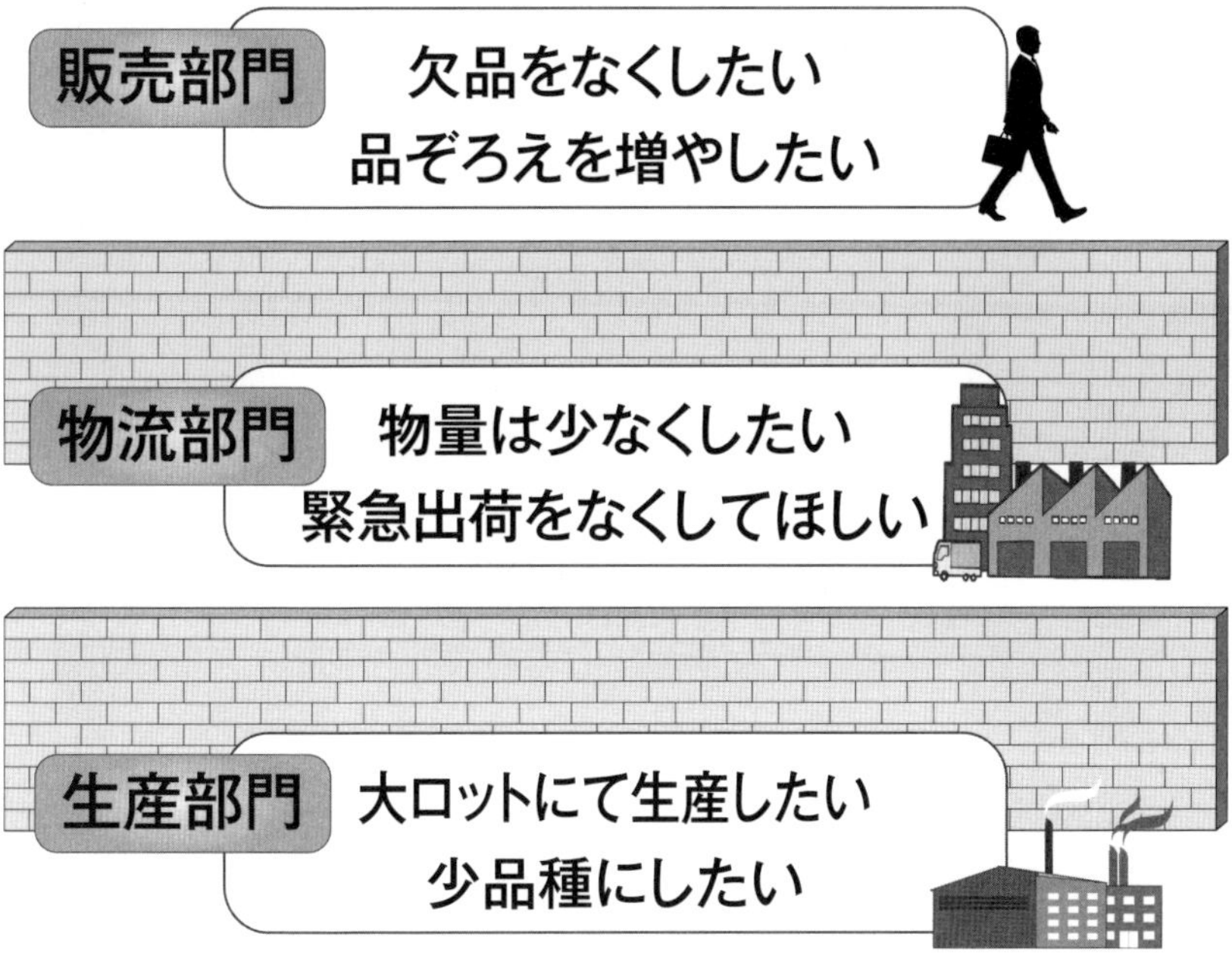
販売部門
欠品をなくしたい
品ぞろえを増やしたい
物流部門
物量は少なくしたい
緊急出荷をなくしてほしい
生産部門
大ロットにて生産したい
少品種にしたい

全体最適化を阻む「組織の壁」

りになっていて他の部署が何をやっているかわからない、同じようなことを別々にやっているというような非効率な仕事や、不親切な対応を意味するものです。ロジスティクスの視点から企業を見てみると、組織に壁があり、全社的に最適化できていないことが多いのです。

一方、全体を最適化することを全体最適と言います。ロジスティクスの役割は、企業の主活動を全体最適化することにあります。詳しくは次項で説明しますが、ロジスティクスは在庫の適正化とトータルコストの削減という、二つの視点から企業の全体最適化を図るものです。組織の「壁」を完全に取り払うのは難しいでしょうが、せめて隣の部署の様子がわかる「カーテン」くらいにしたいものです。

3 「部分最適」の問題点

社内の「ロスの連鎖」を断ち切る

一般的に企業では、購買部門は調達コスト低減、生産部門は製造原価低減というように、部門の評価に部分最適の尺度を用いることが多いです。そのため、購買部門や製造部門は原価を下げるために発注や生産の単位を大きくしがちで、結果として余分な在庫を抱えてしまいます。

ある会社で原材料や部品を調達する「購買部」が、仕入れコスト削減の目標を与えられているとします。目標達成に向けて考えられるのは、ボリュームディスカウント、つまりまとめ買いで購買単価を引き下げる方法です。例えば、需要見込みが800個の場合、800個分の原材料や部品を購入するのではなく、1000個分の部材を仕入れたほうが一つあたりの単価が下がるとすると、安く仕入れるために多めに調達するということです。さらに、「生産部」では少量生産するより大量生産するほうが製造単価が下がるので、「どうせいずれ必要になるだろう」という考えで1000個分生産したとします。

需要見込みの800個に対して、購買部も生産部も仕入単価や製造単価を削減するために1000個仕入れ、製造すると、確かに単価は下がります。製造会社から与えられたコスト削減の目標には寄与できるわけです。

しかし、この製品、やはり市場の需要は800個で200個が売れ残ったとします。その場合、売れ残った製品を保管する倉庫費用が発生し、物流コストが増加します。また、売れ残ったからといって値引き販売をすると利益率が低下します。あるいは賞味期限が切れるか流行遅れで誰も買わないようなことになると、せっかくの商品を廃棄しなければなりません。

購買部や生産部がコストを削減するために良かれと思って取った行動が物流コストや販売費用を押し上げ、全社的な視点から見るとトータルコストが上昇し利益率が低下してしまうのです。これがロスの連鎖の原因です。

日常生活に置き換えると、1個なら50円の商品が3個買えば100円となるような場合、つい3個買ってしまうというようなことです。結局使うのは1個で、残りの2個は賞味期限が切れ

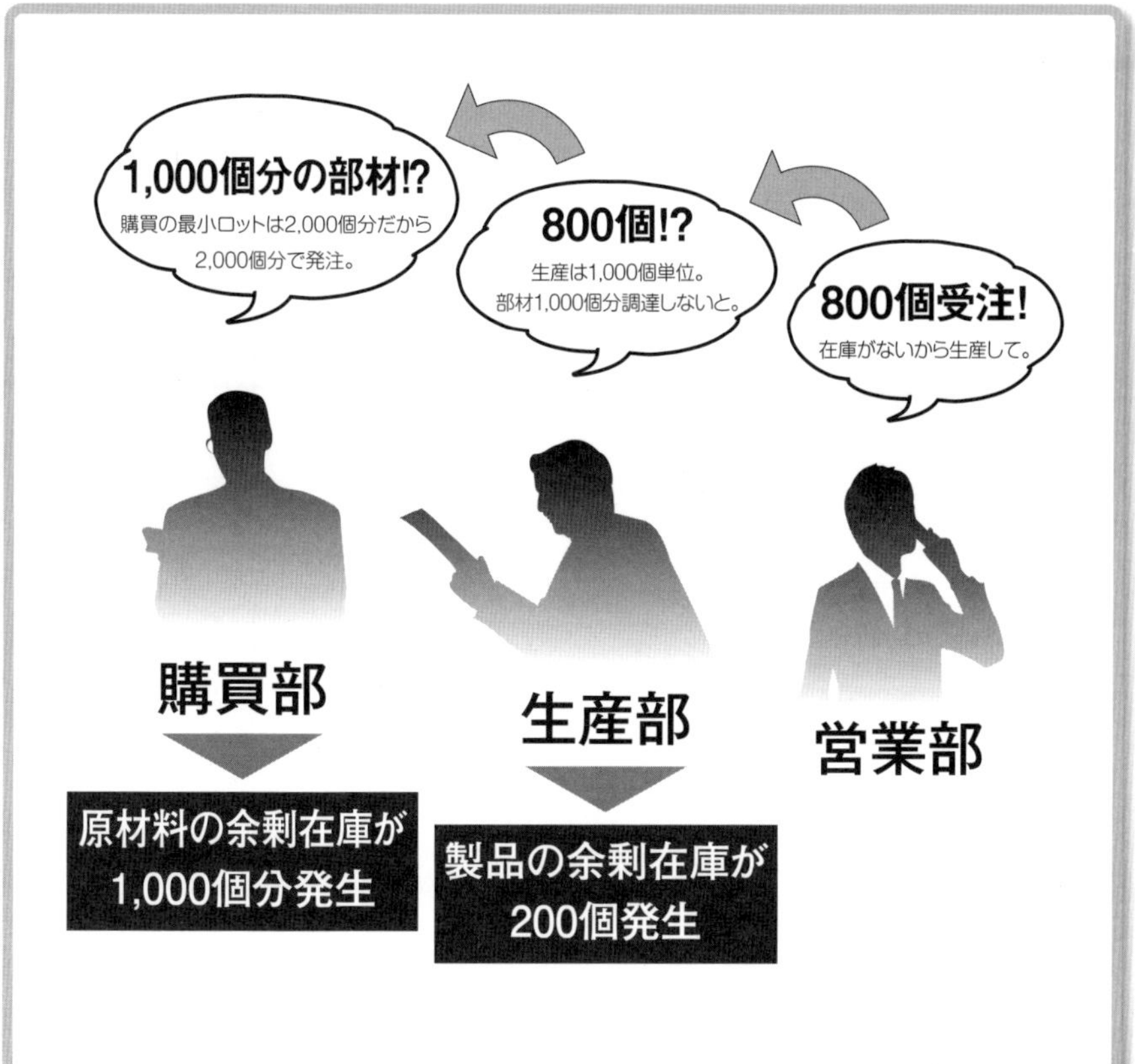

ロスの連鎖イメージ

て廃棄したような経験、読者諸賢にもあると思います。安い買い物をしたつもりが、無駄なものを買ってしまったがゆえに結果的に高くついたということです。

東芝の佐藤氏が言う「調達から生産・物流・販売までをボーダーレスに最適化すること」とは、各部署が個別にコスト削減に取り組むのではなく、会社全体で最適化していくという意味です。それには従来型の部門最適を目指す組織や評価尺度は邪魔でしかありません。一連の業務を総合的に最適化するための意思決定ができる組織と評価尺度が必要となります。これらを解決し、会社全体を最適化することが「ロジスティクス」の役割です。言葉で説明するのは簡単ですが、ロジスティクスを実現するには、これまでの価値観や行動を抜本的に変えなければなりません。

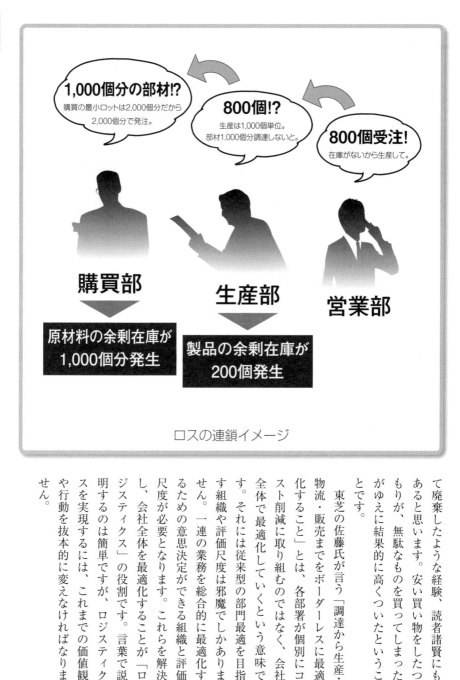

4 ロジスティクスの役割

在庫を最適化し、トータルコストを削減

ロジスティクスは、いったい何を最適化するのでしょうか。筆者はロジスティクスの役割を「トータルのローコストオペレーション」と「在庫政策」と考えております。

「トータルのローコストオペレーション」とは、各部門がバラバラに単価削減を目指すのではなく、会社全体でコスト削減を目指すことを意味します。単なる製造原価や購買単価、運賃の削減といったものではなく、トータル視点でのコスト削減です。経験則的には、在庫を適正化するとトータルコストを削減できることが多いです。在庫の適正化とは、在庫の数量と配置を適正化することを意味します。

「在庫政策」を説明する前に、「在庫管理」という言葉について説明しておきます。「在庫管理」という言葉は、すこし厄介です。「在庫管理」を英語にすると、Stock Control と Inventory Management という二つの異なる言葉になります。Stock Control は在庫品を過不足なく管理する、つまり帳簿やコンピューターに記載されている在庫データと現物在庫が合致しているかという現品管理、そして原材料や商品が適正な状態で効率よく管理されているかという保管管理という意味です。平たく言えば、物流センターや店舗といった現場において、商品などを適正かつ正確に管理することです。

一方の Inventory Management は、棚卸資産（原材料、仕掛かり品、完成品など）の数量と配置について適正化するという意味です。例えば、猛暑が予想されるのでミネラルウォーターを例年より20％多く在庫しておく、在庫の40％を人口が多い関東圏に、20％を関西圏に配置する、というように在庫の数量と配置を適正化するということです。

このように「在庫管理」には、二つの異なる意味があるので誤解を招きます。そこで、在庫の数量と配置を適正化する Inventory Management を「在庫政策」と名付けました。

前述したように、寿司屋であれば大将が一人で決めてしまいますが、企業では購買・生産・販売・物流など部門間の調整が必要になります。これを解決し、会社全体の棚卸資産を適正化す

ることがロジスティクスの重要な役割の一つである「在庫政策」です。

在庫を維持するための費用を在庫維持コスト（Inventory Carrying Cost）と呼びます。保管するための倉庫費用、火災保険料、値引き販売や廃棄したときの損失などです。企業の1年間の在庫維持コストは、在庫金額の30％程度と推定されています。例えば、年商1200億円の会社が約1カ月分の在庫を保有していると、在庫金額は約100億円、このうち30％が在庫維持コストとして毎年発生します。この会社の場合の在庫維持コストは年間30億円です。

在庫を適正化することにより、在庫金額を削減、ひいては在庫維持コストも削減することが可能です。また、欠品を防止できるので売上拡大につながります。在庫政策は企業経営にとってたいへん重要です。

「在庫政策」には、二つの大きな役割

倉庫に所狭しと積まれた商品

があります。それは、①欠品の最小化と　②過剰在庫の最小化です。

欠品とは、顧客が商品の品切れで欲しいものを購入できないことを言います。販売機会損失とも呼ばれます。コンビニに行って牛乳を買おうとしたら品切れだったというような経験が誰にでもあると思います。在庫さえあれば解決できたことです。

過剰在庫とは、商品がいつまでも店頭や倉庫で売れずに残っている状態です。本来であれば、顧客に購入されて現金に変わるものが、いつまでも店頭や倉庫で眠っているということです。過剰在庫が発生すると、さまざまな不具合がでてきます。売れ残っているからといって値引き販売をすると利益率が低下します。最悪の場合は賞味期限が切れる、流行遅れで誰も買わなくなって廃棄処分するなどで、生産や仕入代金が無駄になるだけでなく廃棄処分料も必要で人損です。さらに、保管中の保管費用や在庫金利が発生します。また本来、売れてお金に変わるべきものが店頭や倉庫に眠っているというのはキャッシュフローの悪化、資金繰りの悪化にもつながります。

バーゲンセールを利用される方も多いと思います。定価より30%引き、50%引きというように、たいへん得をした気分になるでしょう。しかし、お店は皆さんを喜ばせるために値引きをしているのではないのです。例えばアパレルの場合、秋冬もののバーゲンセールをするのは、値引きしてでも秋冬ものを売って現金化し、新しいシーズンの商売を始めるため。そのお金で春夏ものを仕入れているのです。

シーズンが終わるまでに、秋冬ものを売り切って現金に換えなければ来年の秋冬まで売れない、つまり倉庫で商品を眠らせるしかないのです。流行の変化が激しいファッションの世界で、昨シーズンの服が売れる見込みはあまりないでしょう。だから、過剰在庫を処分して現金化しようとするのがバーゲンセールです。

欠品すれば販売機会を損失して売上が減少するし、欠品を恐れて在庫を多く持てば過剰在庫が値引き販売、経費増加、キャッシュフローの悪化などを引き起こす。いったいどうすれば良いのか、頭を悩ませるところです。

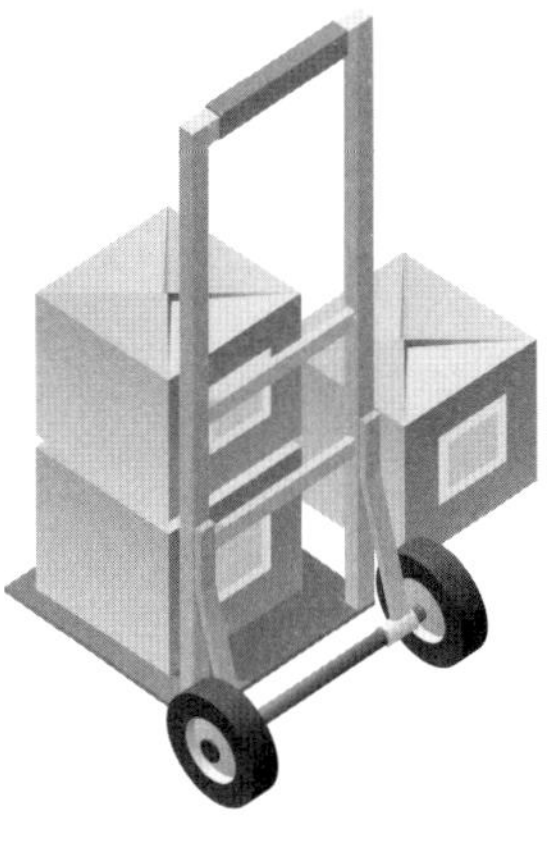

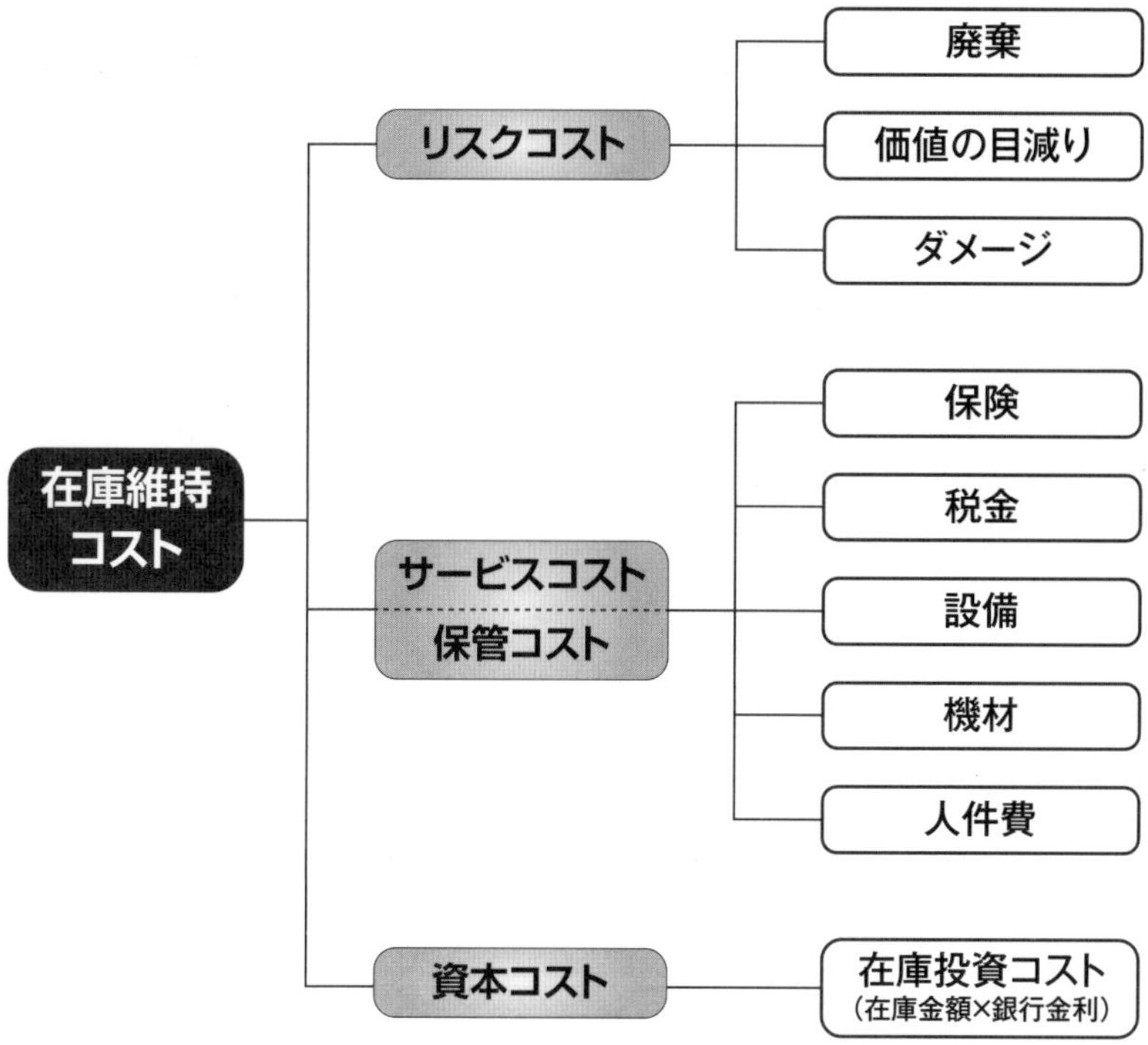

1年の在庫維持コストは在庫金額の約30%

在庫の適正化とはまるで体操競技の平均台の上を歩いているようなもので、ひとたびバランスを崩せば、欠品あるいは過剰在庫のどちらかに落ちてしまいます。筆者の経験では、企業は過剰在庫になる傾向があるようです。それは叱られるタイミングと関係が深いと考えられます。

欠品したら、お客様から叱られたり、あるいは営業や販売の部門から「なぜ欠品したんだ。在庫を多く持っておくように言ったじゃないか」などと文句を言われます。これに対して、過剰在庫の場合は年度末や半期末の棚卸し時に財務部門から「在庫が多い」と指摘を受けるくらいです。欠品は発生時に叱られますが、過剰在庫は半年後や1年後に指摘される程度となると、平均台の上を歩いてバランスを崩した場合、欠品より過剰在庫の側に落ちることを選ぶのです。

5 企業経営へのインパクト

ロジスティクスのレベルが高い企業は業績が良い

ロジスティクスが企業経営に与えるインパクトに関する興味深い研究を紹介します。ロジスティクスの専門団体である日本ロジスティクスシステム協会、東京工業大学、筆者などの共同研究で、「ロジスティクスのレベルが高い会社は業績が良い」という結果が出ています。具体的には、ロジスティクスのレベルが高い企業は、総資産利益率（ROA）、一株あたりのキャッシュフロー、在庫回転率が高いことが統計的に優位であることが実証されました。

ロジスティクスの役割であるローコストオペレーションと在庫政策（在庫の数量と配置の適正化、欠品と過剰在庫の最小化）のレベルの高い企業が好業績なのは、当然とも思えます。しかし、これまでそれを実証することがありませんでした。

もちろん、企業の好業績の理由には、画期的な新製品を開発し市場を独占している、圧倒的な販売力で売上金額が大きい、アフターサービスが優れている、世界的に有名なブランドを確立している――などロジスティクス以外にもさまざまな要因があります。トヨタ自動車、花王、セブン-イレブンといったロジスティクスのレベルの高い企業の業績が良いのは、このようなロジスティクス以外の要因もあるでしょう。そのため、ロジスティクスの貢献だけを抽出するのは難しいと言えます。

そこで、共同研究では企業におけるロジスティクスのレベルを簡易に診断する「SCMロジスティクス・スコアカード（LSC）」を開発し、このLSCの設問に数百社に回答してもらい、各社のロジスティクスのレベルを診断しました。そして、各社の経営成果を統計分析した結果、「ロジスティクスのレベルが高い企業は業績が良い」ことを証明することができました。

この研究成果はたいへん重要な示唆を与えています。「ロジスティクスのレベルが低い企業は業績が良くない」ということにもなるからです。景気が悪い、円高だ、新興国から安価な製品が輸入される――など、企業経営を取り巻く環境は厳しいものがありますが、業績が良い企業が多数存在するのも事実です。そのような中で、自社の

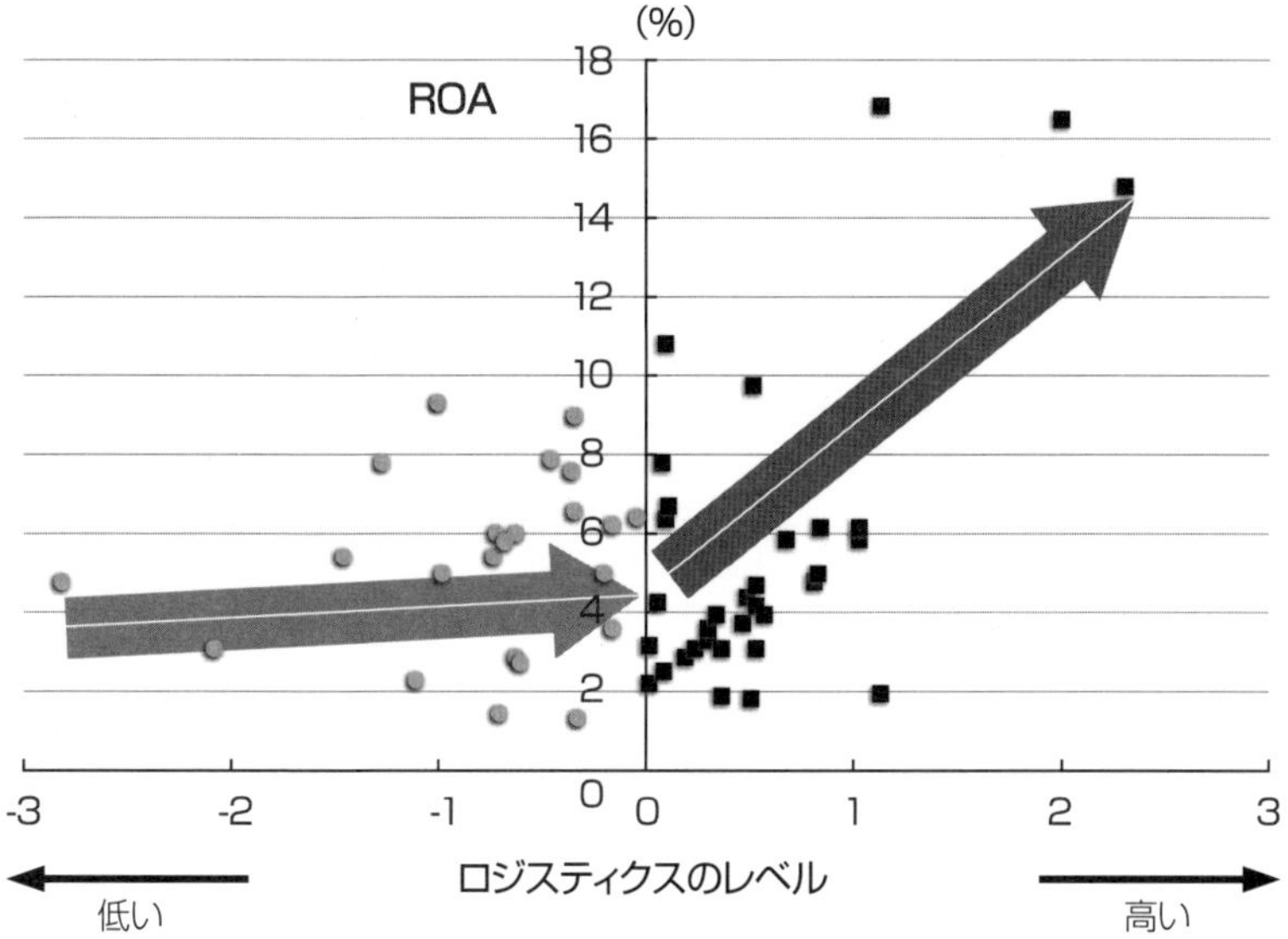

ロジスティクスのレベルとROAの関係

業績が良くないのを外部環境のせいにしている経営者や従業員も少なくありません。しかし、外部環境ばかりでなく、部門間の調整ができていない、ローコストオペレーションが確立されていない、欠品と過剰在庫を最小化する在庫政策ができていないといった社内的な問題が大きく影響しているのではないでしょうか。

繰り返しますが、「ロジスティクスのレベルが高い企業は業績が良い」を裏返せば、「ロジスティクスのレベルが低い企業は業績が悪い」ということです。自社の業績を外部環境のせいにする前に、自社の組織や運営といった経営の充実度を高めることが必要です。

しかし、残念ながら経営に大きなインパクトを持つロジスティクスの重要性はまだまだ経営層の理解を得ていません。経営者の多くは高度成長期を経験しているため、業績が悪化したときの対策は、売上を伸ばす、新製品を開発する、生産・仕入単価を削減する――といった過去の成功体験に頼ってしまうのでしょう。ロジスティクスの重要性に早く気付いてほしいものです。

6 日本経済と物流の発展

経済環境と物流との密接な関わり

物流が日本に紹介された1960年代、日本は高度成長期（1955～1973年）の真っただ中でした。東京オリンピック（1964年）や大阪万博（1970年）というように、終戦後、先進国の仲間入りを果たした時期です。

若い世代には、半世紀も前のことはイメージしにくいでしょう。現代に例えるなら、2008年に北京オリンピック、2010年に上海万博を開催し経済発展している中国のようなものです。中国では、物流の概念が紹介されたのが1979年、実際に意識され始めたのが1992年と言われます。経済が発展していく段階において、物流は注目されると言えます。

さて、物流が日本に紹介された当初は、「Physical Distribution の直訳語「物的流通」として紹介されましたが、その後、省略され「物流」と呼ばれています。

高度成長期に流通業ではスーパーマーケットが登場、所得の増加や生活習慣の西洋化に伴い消費ブームが到来します。「大量生産、大量販売、大量消費」時代においては、物流は消費地にいかに届けるか、また拡大する物量をどのように処理するかに重点がおかれていました。松下電器産業（現パナソニック）が日本全国に4万店以上の「ナショナルのお店」という系列電器店を展開したのも流通網と物流網を構築するためです。

経済環境が厳しくなった第一次オイルショック（1973年）をきっかけに、物流は「第三の利潤源」として脚光を浴びます（第一の利潤源は売上拡大、第二の利潤源は製造原価低減）。物流の関心は、高度成長期の「いかに処理するか」から「効率良く、ローコスト」に変遷しました。

そのために、各部が管理・運営していた物的流通に関わる部分を一元管理する必要性が高まり、左図のように企業に物流部や物流管理部が誕生しました。それまでは営業部に納品のトラックを手配する輸送課があり、工場に商品の保管管理を担当する倉庫課があったりと、さまざまな部門に物流に関連する機能が分散し非効率でした。

余談ながら、現在でも製造業や卸売

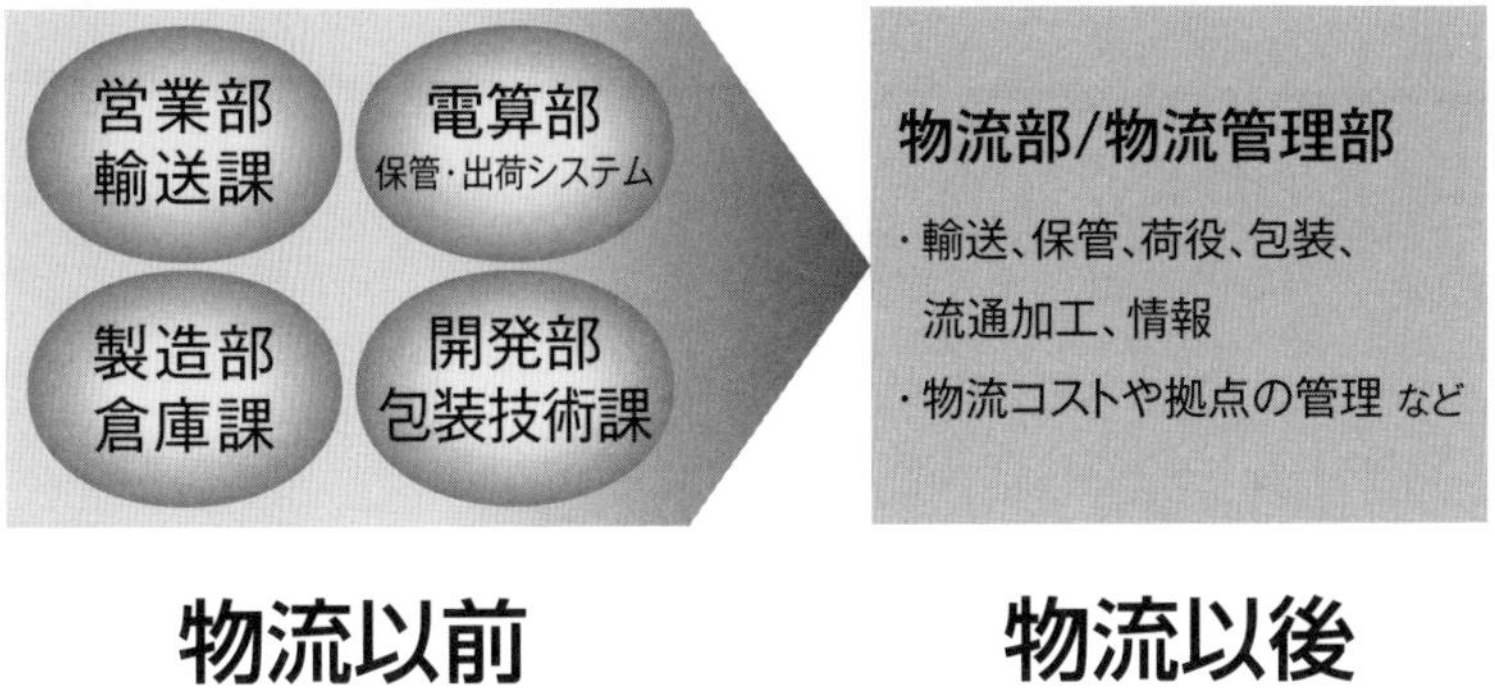

物的流通に関わる一元管理体制

業で物流の専門部署がない企業があります。しかし40年以上前の経営スタイルは、決して効率的とは言えません。

1980年代後半から1990年代初めのバブル経済期にも物流は注目されています。いわゆる3K職場（キケン、キツイ、キタナイの頭文字をとって3Kと言われます）である運送や庫内の業務に従事する人が集まらず、景気が良いのでモノは良く売れるのに物流が追いつかないというような状況が発生しました。そのため、輸配送の運賃や倉庫内作業の人件費の上昇といったことが起こりました。

それでも人が集められる企業や運転手を確保できる場合は良いですが、できない現場は機械化による省力化が進められました。少子高齢化により労働人口が減少していく今後の日本の物流において、省力化や機械化は再度脚光を浴びると思います。

7 物流からロジスティクスへ

社会の成熟でロジスティクスが重要に

ロジスティクスが一躍脚光を浴びたのは、１９９１年の湾岸戦争の勃発時と言われています。この戦争で、米軍のロジスティクス部門は７００万トンという途方もない量の物資を前線に送り込みました。これは大型のトラックに換算して約70万台分です。大型トラック1台の全長が約11メートルなので、70万台を一列に並べると７７００キロメートルになります。東京－福岡間が約１０００キロメートルなので約4往復分。東京－福岡間の高速道路の上り下りに各2車線ずつ大型トラックを並べた物量と言えば、イメージが湧くでしょう。

軍事のロジスティクスをミリタリー・ロジスティクスと言います。武器弾薬、燃料、食料が不足すると前線の兵隊は戦うことができません。反対に、これらが過剰になると、部隊の迅速な移動に支障をきたします。ミリタリー・ロジスティクスでは、「必要なものを、必要なだけ、必要な場所に、必要なタイミングで、正確に」軍事物資や生活物資を前線に補給することが重要です。

軍においてロジスティクスは戦略立案や戦闘行為と同様に、たいへん重要な役割を占めています。戦争は勝利が目的のため、ある意味コストは度外視です。しかし、この考え方に「適正なコストで」という経済性の概念を入れることにより、ビジネス界でも応用できるということで、アメリカでは１９８０年代、我が国では湾岸戦争以降にロジスティクス（ビジネス・ロジスティクス）が注目されました。

ちょうどこの時期、日本ではバブルが崩壊し、経済の長期停滞により「大量生産、大量販売、大量消費」時代が終焉します。また、１９８０年中頃以降は消費者の嗜好が多様化し、多品種少量生産へと変化していきます。不況と消費社会の成熟化から、消費行動が「必要な時にしか買わない、欲しいものしか買わない」となりました。

このように、物流とロジスティクスが、それぞれ日本で注目された時の経済状況は異なります。消費市場が拡大していた高度成長期においては、「作れば売れる」という供給者主導のプッシュ型市場が形成されていました。それが長引く不況の影響からか、「欲し

ビジネス・ロジスティクスは経済性も追求

いものしか買わない」「必要なときにしか買わない」といった消費者主導のプル型市場へ転換しました。

消費の拡大が見込めない状況においてはいかに効率よく経営するかが重要となり、業績評価の対象は、利益率やキャッシュフローなど経営の質へと転換されます。このような背景のもと、「顧客ニーズに対応するために、必要なものを、必要なだけ、必要な場所に、必要なタイミングで、正確に、適正なコストで供給する調達・生産・販売を全体最適化したシステム」であるロジスティクスの重要性に対する認識が高まってきています。

環境に対する意識の高まりから、この数年来は保守やメンテナンス、回収や再資源化、廃棄などを考慮しながらロジスティクスに取り組む企業も増加しています。近い将来、ロジスティクスの定義にこれらのことが追加されるものと考えられます。

8 SCMとは何か

サプライチェーンの効率化と安定供給を実現

「サプライチェーン・マネジメント（Supply Chain Management＝SCM）」という言葉をお聞きになったことがあるでしょうか。サプライチェーンとは供給連鎖という意味です。企業間の供給体制や供給網と表現されることもあります。そして、SCMとは企業間の供給連鎖を効率化していこうというものです。具体的には原材料のサプライヤー、メーカー、卸売業、小売業といったサプライチェーン全体の流通在庫と流通コストを適正化あるいは最小化していこうという企業間の取り組みです。

日本ロジスティクスシステム協会が監修する『基本ロジスティクス用語辞典』によるSCMの定義を紹介します。「商品の供給に関係する全企業連鎖をいい、商品の企画・調達・設計・開発・資材調達・製造・販売・教育・保守・廃棄に関連する全分野（ライフサイクル）を含む概念。商品の製造用の原材料や部品の製造、粗材料の製造にまで遡り、EDI（Electronic Data Interchange＝電子データ交換）と統合データベースによる情報の共有化によって、全チェーンを通じてトータルとしての在庫削減、物流合理化を図ること」と説明されています。

ロジスティクスにより、自社のローコスト・オペレーションと在庫政策の適正化が実現したとしても、自社在庫が減少した分、取引先の在庫が倍増したというように、その負担が仕入先や販売先といった取引先に転嫁されたのでは意味がありません。自社ばかりでなく、仕入先や販売先、またその先といったサプライチェーン全体が効率化されることが望ましいです。

SCMが注目されている理由は、前項で説明したように消費者の購買行動の変化や企業間競争の激化といった時代背景にあります。自社だけの効率化では限界があるため、左図で示すように、サプライチェーン全体を通して、流通コストと流通在庫を適正化していこうと考えられました。

話は変わりますが、東日本大震災ではSCMの重要性が再認識されました。サプライチェーンが分断され、日本だけでなくアメリカや中国の自動車工場が操業を停止するというような事

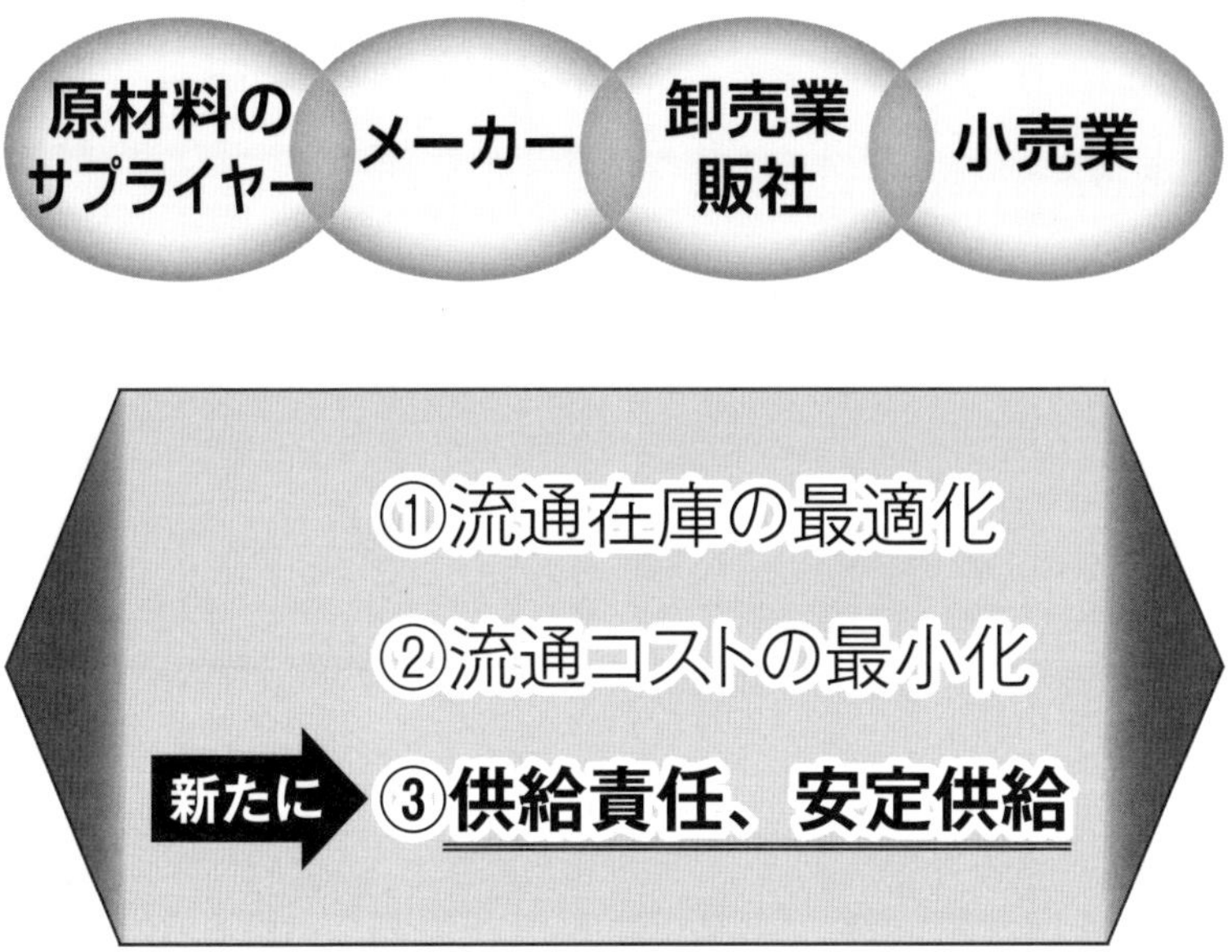

SCMの供給連鎖イメージ

態が発生したからです。東北地方には自動車部品を生産している工場があります。その工場が被災したため、自動車部品の供給が止まり、その部品がないと生産できない自動車工場は、立地にかかわらず生産を継続できなくなりました。石油精製工場が被災し、ガソリン等の燃料が供給できず市民生活に影響したことも記憶に新しいと思います。

これまでのSCMでは、流通在庫や流通コストの最小化といった効率性が求められてきましたが、新たな課題として供給責任や安定供給といったことも検討しなければならなくなりました。自社の経営効率だけでなく、仕入先や販売先、最終消費者といったサプライチェーン全体の効率化と安定供給を実現するSCMが注目されています。SCMやサプライチェーン、あるいは供給体制という言葉が新聞やニュースで日常的に使用されるようになったことからも、その重要性はビジネスパーソンだけでなく市民にも理解されたと考えて良いでしょう。

9 ＳＣＭを実現するために

自社のロジスティクス構築が第一歩

　自社だけでなく、仕入先、販売先も含めたサプライチェーン全体の効率化と安定供給を目指すＳＣＭが注目されて久しいというのに、ＳＣＭが実現できているのはごく少数の企業です。その理由として、筆者は二つあると考えています。

　一つ目は、企業間の情報共有の難しさです。例えば、ある商品が店頭で3個売れたとします。この商品が売れると判断した店長は、品切れが発生しないように仕入れを3個から2個増やして5個にします。小売店から5個の注文を受けた卸売業は、メーカーから5個仕入れたのでは仕入れコストが高くなるため、メーカーに10個発注、受注したメーカーは自社の生産の最小ロットである20個を生産する――というような事態が起こります。それぞれの企業の最適な発注や生産の量、各担当者の思惑などの仮の需要（仮需）により、実際の需要（実需）3個に対して、最終的な生産は20個というように、情報が伝達されるに従って需要の変動が増幅していくという現象です。まるで、手元で小さく動かしたムチの先端が大きな波動になるようなので、ブルウィップ効果と呼ばれています（ブルウィップとは牛を打つムチのこと）。

　情報通信技術（ＩＣＴ）が未発達な時代であれば企業間の情報共有が出来ないのは仕方がないかもしれません。しかし、インターネットが普及するなどＩＣＴが高度化している現在でも、やはり企業間の情報共有に進展は見られません。正確にいうと、情報共有はある程度進んでいるにもかかわらず、「欠品したら取引先からクレームが出る」、「営業部の努力目標も含めてもう少し拡販したい」などの思惑で仮需が増幅し、サプライチェーン全体で見れば在庫量が増えてしまうのです。

　ＳＣＭが実現できない二つ目の理由として、「自社のロジスティクスを構築できていない」ことが挙げられます。調達、生産、販売、物流といった社内の部門間の連携さえ取れずにいる企業が、仕入先や販売先と連携を取りながらサプライチェーン全体の流通在庫を適正化することは困難でしょう。ＳＣＭを実現するためには、まずは自社のロジスティクスを構築しなければなり

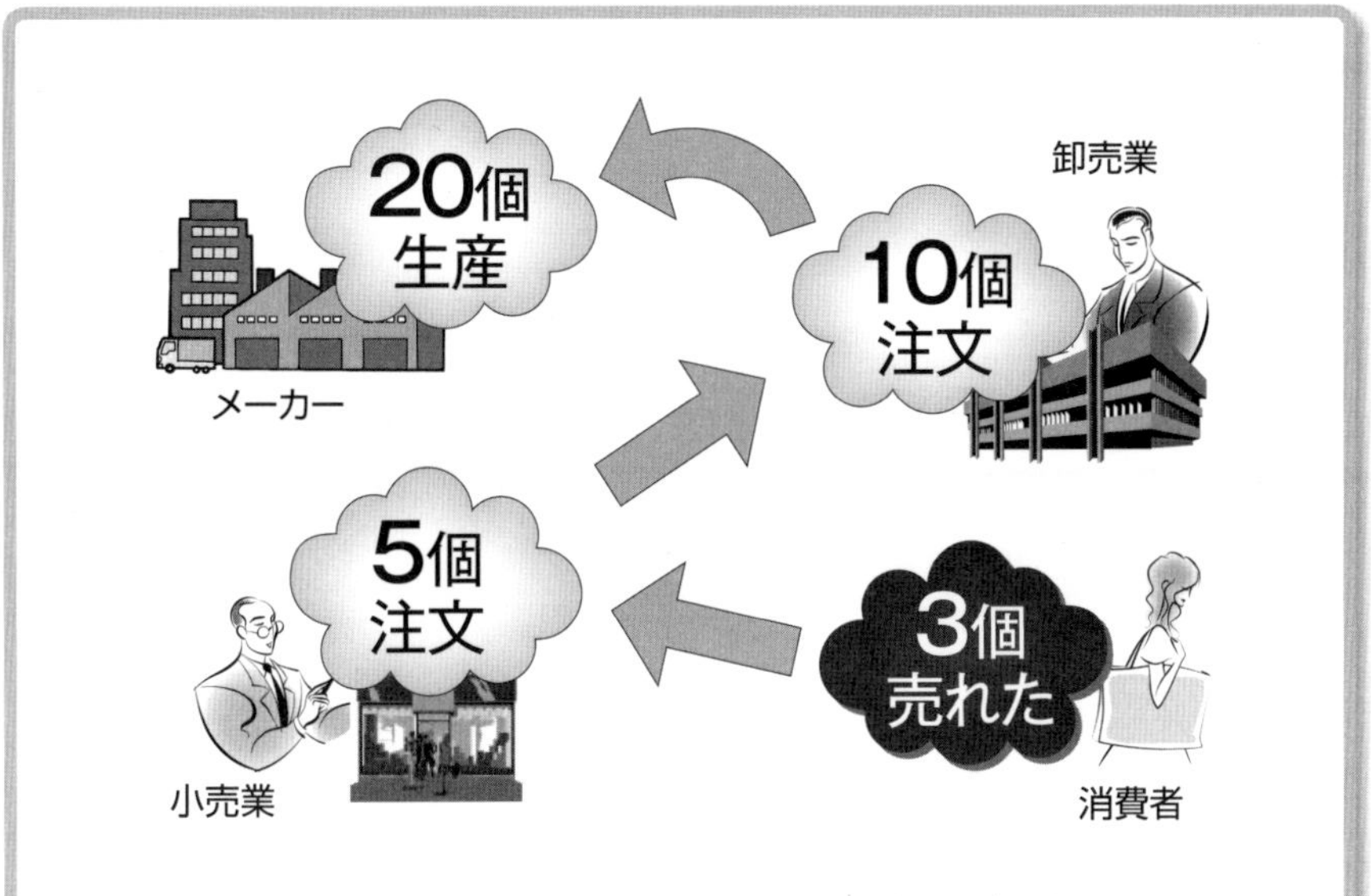

ブルウィップ効果により需要の変動が増幅する

ません。

それでも、ＳＰＡ（製造小売り）やＰＢ（プライベートブランド、自主企画商品）といった新たな流通形態が広がるのに伴い、製造業、卸売業、小売業の間にはそれに合わせたＳＣＭが構築されつつあります。ＳＰＡとはユニクロやニトリのように、小売企業でありながら自社でリスクを負い、商品企画から生産、販売までを一貫して行う業態のことを言います。

ＰＢとは、卸や小売りといった流通業が所有・管理しているブランドです。昔、小売店で売られている商品は製造業が所有・管理するＮＢ（ナショナルブランド）が大半でした。日清食品のカップヌードル、江崎グリコのポッキーのように、どこのお店でも買える商品が店頭には並んでいました。これに対して、セブン＆アイ・ホールディングスの「セブンプレミアム」、イオングループの「トップバリュ」などのＰＢは、普通はその系列の店舗でしか購入できません。

一般的にＳＰＡやＰＢでは、流通業が商品を企画・開発し、メーカーに生産を委託します。生産された商品は全量買い取るのが原則です。すると流通側も、他社に商品を供給できない製造側も在庫リスクを負うことになり、売れる分だけ発注・生産しようとするため、流通在庫の最適化と流通コストの最小化の実現に近づくのです。

第2章

ロジスティクスを支える物流

10 商取引における商流と物流

物流なしに経済活動は成り立たない

商取引には、「商流」と「物流」という二つの機能があります。商流とはキャンペーンやマーケティングといった販売促進のための活動、および取引の価格、個数、納品や決済方法など取引条件を交渉することです。例えば、あなたが缶コーヒーを製造販売している会社の営業担当者とすると、商品の販売量を増やすために、小売業の担当者に対してセールの企画などさまざまな販売促進活動を行います。同時に取引価格や納品数量、納品条件（納品の場所や日時など）、決済条件（現金振込や手形、前金、後払いなど）などの取引条件を交渉します。これらの販売に関する活動が商流で、会社では営業部や販売部などが担当しています。

一方の物流は、商流で確定された取引条件に沿って、商品などを納品する機能です。企業では物流部や物流管理部、物流業務をすべて物流会社に委託している場合は物流会社が担当します。この商流と物流が完了して初めて商取引が成立します。

商流が確定したのに、欠品や交通渋滞などによって納品できなかった場合（つまり物流が完了しなかった場合）、商取引は成立しません。また、取引先から大急ぎで商品を届けるように直接依頼され、その要求に応えて納品だけは済ませたものの、取引価格などが確定していなければ、この場合も商取引は成立しません。

商流と物流は左図に示した自動車の両輪のようなものです。どちらかが動いていないと自動車は進むことができない、つまり商取引が成立しません。企業にとっては商流も物流も、どちらもたいへん重要な活動です。物流は身体の中を駆け巡る血液に例えられます。血液は必要な栄養や酸素を体中に送り込んでおり、血流が止まると人が死ぬように、物流が止まると経済活動や企業活動も止まってしまいます。

余談ながら、営業担当者が納品も担当していることを、商流と物流が一緒なので「商物一致」と言います。アニメの「サザエさん」に出てくる三河屋のサブちゃんが、まさに商物一致の例です。一方、商流は営業部、物流は物流部門や物流会社が担当している場合は「商物分離」と言います。

商流
所有権の移転を目的とした販売活動、および販売取引条件交渉
物流
商流が成立した後、商品・製品等を取引条件に沿って届けること
「商流」、「物流」のどちらか片方が弱いと
自動車は真っすぐに走行できない…

企業経営にとって「商流」と「物流」は車の両輪に例えられる

商取引においては商流も物流もどちらも重要であり、物流は商流が決めてきた取引条件通りに納品する非常に大事な役割を持っていますが、企業活動としては目立たない仕事と言えます。

しかし、今日急成長している企業や高収益を上げている企業は物流にも力を入れています。アップル社を創設し、ＭａｃやｉＰｈｏｎｅなど数々の画期的な製品を世に出したスティーブ・ジョブズは、天才的なアイデアマンという印象に隠れがちですが、物流を重視していたと言われています。

企業活動にとって、物流は要の一つといえる重要な役割を果たしています。物流に関心の低い経営者やビジネスパーソンに、いまからでも勉強して欲しいものです。

11 物流部の誕生

各部門に分散していた物流機能を一元管理

日本工業規格（ＪＩＳ）では物流を「物資を供給者から需要者へ、時間的、空間的に移動する過程の活動。一般的には、包装、輸送、保管、荷役、流通加工及びそれらに関連する情報の諸機能を総合的に管理する活動。調達物流、生産物流、販売物流、回収物流など、対象領域を特定して呼ぶこともある」（ＪＩＳ Ｚ ０１１１－１００１）と定義しています。

また、日本ロジスティクスシステム協会が監修する『基本ロジスティクス用語辞典』では、「商品の供給者から需要者・消費者への供給についての組織とその管理方法及びそのために必要な包装、保管、荷役、輸配送と流通加工ならびに物流情報の諸機能を統合した機能をいう」と説明しています。

まとめると、物流とは商品（製品、部品）や原料、資材などの物資を供給者から需要者へ、時間的・空間的に移動する、つまり届ける活動ということです。そして、輸送、保管、荷役、包装と流通加工、物流情報の六つの機能があるということです。これらは客先に納品するための販売物流、仕入れる際の調達物流、工場内での生産物流などに大別されます。加えて、近年では回収物流や廃棄物流なども含まれるようになりました。製品を生産して使用者に届ける物流を「動脈物流」、使用者等から回収する、あるいは回収されたものを廃棄物として処理するための物流を「静脈物流」と、人間の血液の流れに例えて表現することもあります。

さて、日本に物流の概念が紹介される前は、もちろん物流部や物流管理部といった組織は存在しませんでした。以前はそれぞれの部門に物流の機能が分散していたのです。例えば、納品のためのトラック等の配送の手配をするのは営業部業務課、商品の在庫を管理するのは製造部倉庫課といったかたちです。営業担当者１人あたり、出荷手配や現場業務を担当するバックオフィスのスタッフが2～3人必要でした。（ちなみに、アメリカ軍では前線の兵士１人に対して、ロジスティクス担当者が10人必要と言われています）

そのほか、大阪支社にも京都支社にもそれぞれ業務課の担当者がいたり、同じ運送会社に配送を委託しているの

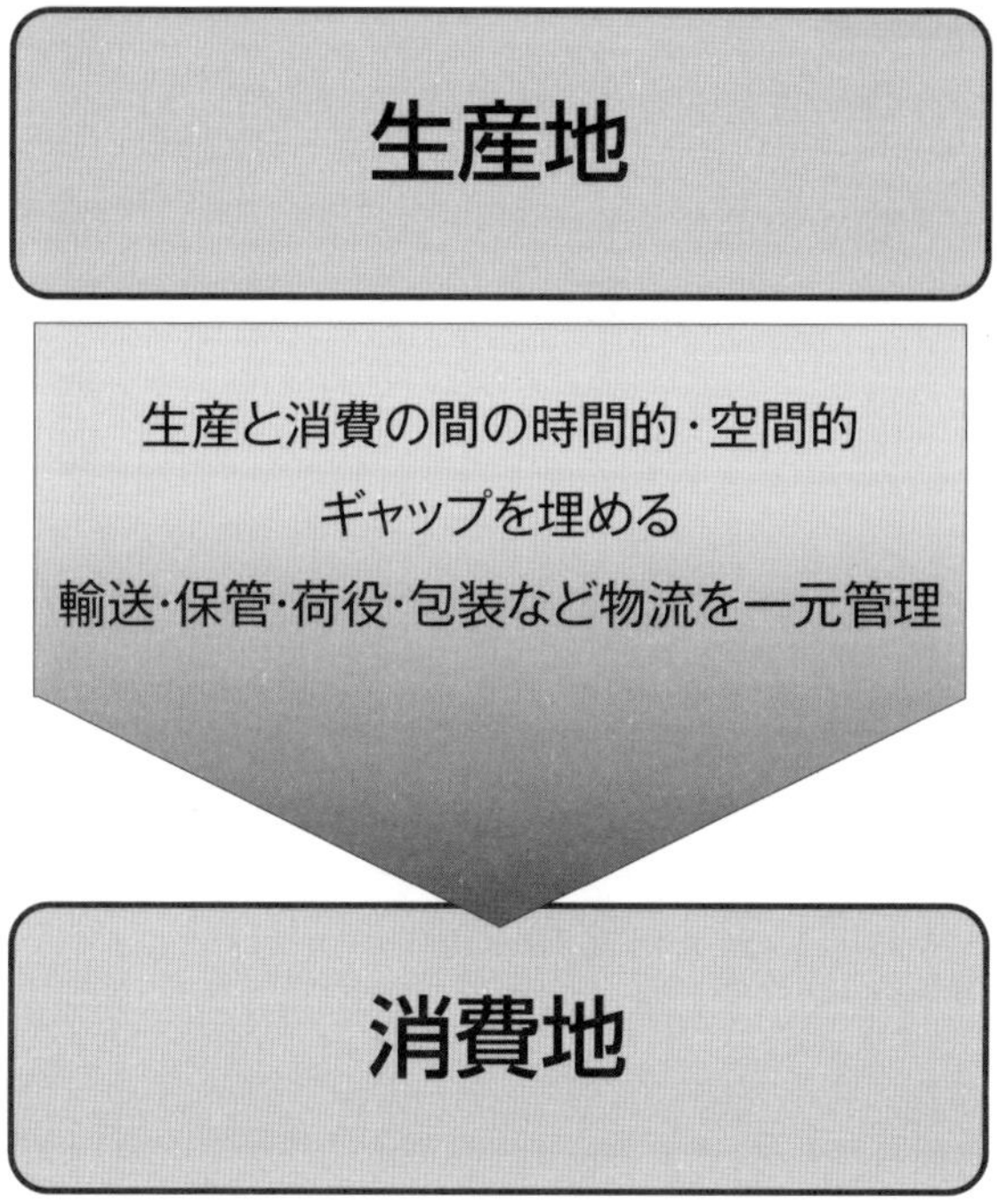
生産地
生産と消費の間の時間的・空間的
ギャップを埋める
輸送・保管・荷役・包装など物流を一元管理
消費地

物流部の役割

に運賃が異なったり、京都支社で過剰在庫になっている商品を大阪支社が製造部に生産依頼したりするようなことが起こっていました。昔は物流部門がなく、このような形態で物流の対応をしていた企業も少なくありませんでした。

物流の概念が日本に紹介され、その有効性が理解されるようになってからは、第6項「日本経済と物流の発展」の図（23ページ参照）のように、各部門に分散していた物流の機能を物流部や物流管理部などで全社的に一元管理して無駄を省くようになりました。

最近では、荷主企業の物流部が実作業を物流会社に委託し、管理業務のみ行うようになったため、物流管理部というように名称や機能を変更している場合もあります。物流管理まで3PL企業（包括的に物流業務を受託する企業、第36項「3PLは期待の星」参照）に委託している場合は、荷主の物流部門が担当するのは物流の企画だけというようなケースもあります。

12 物流コストの管理方法

改善に向けて把握すべき指標とは

日本ロジスティクスシステム協会（JILS）によると、日本の総物流コストは約48兆8042億円、日本の国内総生産（GDP）の約9・05％という調査結果（2016年）が出ています。アメリカのそれは約1兆4078億ドル、GDPの7・6％（同）、中国は11兆1000億元でGDPの14・9％（同）と言われています［ちなみに日本の自動車産業の市場規模が約57兆円（2015年）、パチンコ産業が約19兆5000億円（2018年）］。

国全体の物流コストがGDPの約10〜20％ということですから、物流が国民生活や産業活動に、たいへん大きな影響を与えていることがわかっていただけると思います。

次に個別企業における物流コストについて説明します。企業の物流コストにとって重要なことは、①**売上高物流コスト比率**と②**物流機能別構成比率**という二つの指標です。

売上高物流コスト比率とは、売上高に占める物流コストの比率のことです。ある会社の年間売上高が100億円、年間の総物流コストが5億円とした場合、売上高物流コスト比率は5％ということです。

JILSは毎年、企業にアンケート調査を行い、業種別物流コスト調査結果を報告しています。この報告書によると、日本の企業における売上高物流コスト比率は全産業平均で4・95％という結果(2018年度)が出ていますが、業種別では大きく異なります。左表のように、加工食品や飲料などの常温の食品メーカーは5・9％、化粧品メーカーが5・6％、電気機器メーカーは2・4％、小売業では量販店が4・0％、生協が4・8％などという数値です。

二つ目の**物流機能別構成比率**とは、物流コストにおける輸送、保管、荷役など機能別の構成比率です。例えば、毎月の物流コストが1000万円で、そのうち輸配送費が600万円であれば、物流機能別構成比率のうち輸配送費は60％です。

物流機能別構成比率の全産業平均（2018年度）は輸送費が56・4％、保管費が16・9％、包装費が4・2％、荷役費が16・5％、物流管理費が6・

			売上高物流コスト比率	輸送費	保管費	包装費	荷役費	物流管理費
全業種			4.95%	56.36%	16.91%	4.22%	16.51%	6.01%
製造業			4.90%	59.33%	18.02%	5.13%	13.11%	4.42%
	主要製造業		6.31%	64.67%	18.42%	2.31%	11.62%	2.97%
		食品（常温）	5.89%	68.04%	18.91%	0.35%	10.31%	2.38%
		食品（要冷）	6.88%	66.05%	11.42%	0.20%	19.05%	3.27%
		紙・パルプ	9.61%	68.17%	15.55%	2.83%	9.84%	3.60%
		プラスチック・ゴム	8.22%	54.06%	30.04%	7.70%	8.04%	0.17%
		石鹸・洗剤・塗料	7.16%	58.97%	17.52%	2.67%	14.33%	6.51%
		医薬品	3.38%	52.87%	28.32%	2.83%	9.75%	6.23%
		化粧品	5.55%	47.95%	22.79%	3.16%	21.43%	4.66%
		その他化学工業	4.83%	64.31%	18.19%	5.46%	8.94%	3.10%
		窯業・土石・ガラス・セメント	8.39%	54.07%	28.80%	5.60%	10.29%	1.23%
		鉄鋼	5.98%	90.04%	8.97%	0.21%	0.78%	−
		非鉄金属	3.86%	78.02%	3.22%	6.12%	7.67%	4.97%
		金属製品	4.31%	60.92%	10.81%	2.56%	16.68%	9.03%
		一般機器	4.97%	56.65%	20.64%	9.69%	9.45%	3.57%
		電気機器	2.41%	46.36%	19.24%	6.20%	22.38%	5.82%
		精密機器	3.57%	37.93%	30.76%	9.27%	15.31%	6.73%
		物流用機器	3.46%	64.97%	11.34%	10.67%	5.36%	7.67%
		輸送用機器	3.23%	58.09%	9.56%	14.36%	12.00%	5.99%
		出版・印刷	10.21%	49.37%	26.82%	−	20.76%	3.05%
		その他製造業	3.62%	57.27%	13.31%	8.03%	15.54%	5.86%
非製造業			5.06%	48.24%	13.85%	1.74%	25.81%	10.36%
	卸売業		5.55%	45.14%	18.64%	2.17%	23.70%	10.35%
		卸売業（総合商社）	5.37%	67.05%	24.68%	2.72%	2.51%	3.04%
		卸売業（食品飲料系）	7.43%	50.26%	14.06%	0.51%	26.76%	8.41%
		卸売業（日用雑貨系）	6.33%	39.28%	5.72%	3.63%	43.46%	7.90%
		卸売業（繊維衣料品系）	5.24%	34.34%	24.43%	3.01%	23.41%	14.81%
		卸売業（機械系）	1.88%	42.66%	33.70%	1.25%	18.93%	3.46%
		その他卸売業	4.41%	46.66%	16.22%	2.62%	22.15%	12.34%
	小売業		4.50%	50.20%	3.27%	1.15%	34.91%	10.46%
		小売業（量販店）	3.96%	46.49%	3.63%	0.10%	35.67%	14.11%
		小売業（生協）	4.75%	5.77%	−	0.40%	92.14%	1.69%
		その他小売業	6.56%	75.66%	4.03%	1.89%	12.88%	5.53%
	その他		2.96%	68.52%	14.53%	0.21%	6.68%	10.05%
		その他（電気・ガス）	2.76%	54.86%	24.24%	−	3.19%	17.71%

『2018年度　物流コスト調査報告書』（日本ロジスティクスシステム協会）を一部修正

0%。業種別では、例えば輸送費は常温の食品メーカーが68・0%、化粧品メーカーが48・0%、電気機器メーカーが46・4%、小売業では量販店が46・5%、生協が5・8%などという数値です。取扱商品の形状や重量、流通によって大きく異なるのがわかります。

　売上高物流コスト比率、物流機能別構成比率の二つは企業の物流管理にとって重要な指標です。業界平均と自社の売上高物流コスト比率や物流機能別構成比を比較すれば、自社の物流の課題が見えてきます。業界平均と比べて、自社の売上高物流コストが高ければ、物流が効率的でない可能性があることがわかります。また、物流機能別構成比が業界平均と大きく違っていれば、物流でなにか不具合のある可能性が出てきます。

　コンサルタント等が物流改善をする場合、まず初めに調査する項目の一つが物流コストですが、物流コストを算定するのは少々骨が折れる仕事です。これが、多くの企業が物流コストを把握できていない要因の一つと考えられます。

13 物流コストの算定方法

水面下の自家物流費を明らかに

企業経営にとって物流コストの管理は非常に重要であるにもかかわらず、多くの企業では正確に物流コストを把握できていません。自社の物流コストを算定するために、少々面倒な計算が必要だからです。

企業の物流コストは支払物流費と自家物流費から構成されます。支払物流費とは、運送会社や倉庫会社などに支払っている物流費のことです。毎月、請求書が届いて送金手続きをするので、支払物流費の把握は簡単です。請求書を合計するだけで済むからです。問題は、この支払物流費だけを把握している企業が圧倒的に多いということでしょう。

自家物流費とは自社で所有している物流センターの費用、物流部門の社員の人件費などで、物流に関連して発生していても企業会計では一般的には物流費として管理せず、他の項目で管理している物流コストのことです。例えば、物流部長の給与は経理上は人件費として管理していますから、物流費としては認識されません。自社所有の物流センターも同様です。土地の取得費、建物の減価償却費、固定資産税などは本社ビル、工場などと一緒に総務部や経理部が管理しているため、財務会計上は物流費として認識されないケースがほとんどです。

しかし、物流部の社員の人件費や自社所有の物流センターで発生する各種費用は間違いなく物流費です。もし、自社所有の物流センターがなければ倉庫会社に借りるか、業務を委託することになるでしょう。たまたま自社で所有しているため、支払物流費として請求されていないだけで、人件費や減価償却費等は発生しています。よって、物流コストを算定する場合は、左図のように支払物流費ばかりでなく、自家物流費も計算しなければなりません。

早稲田大学名誉教授で物流コスト研究の大家の西澤脩先生によると、支払物流費と自家物流費はおおよそフィフティー・フィフティーです。しかし、多くの企業では支払物流費のみ把握し、自家物流費はまるで氷山のように海面下に隠れているので、西澤先生は「物流氷山説」と名付けられました。とてもうまい表現だと思います。

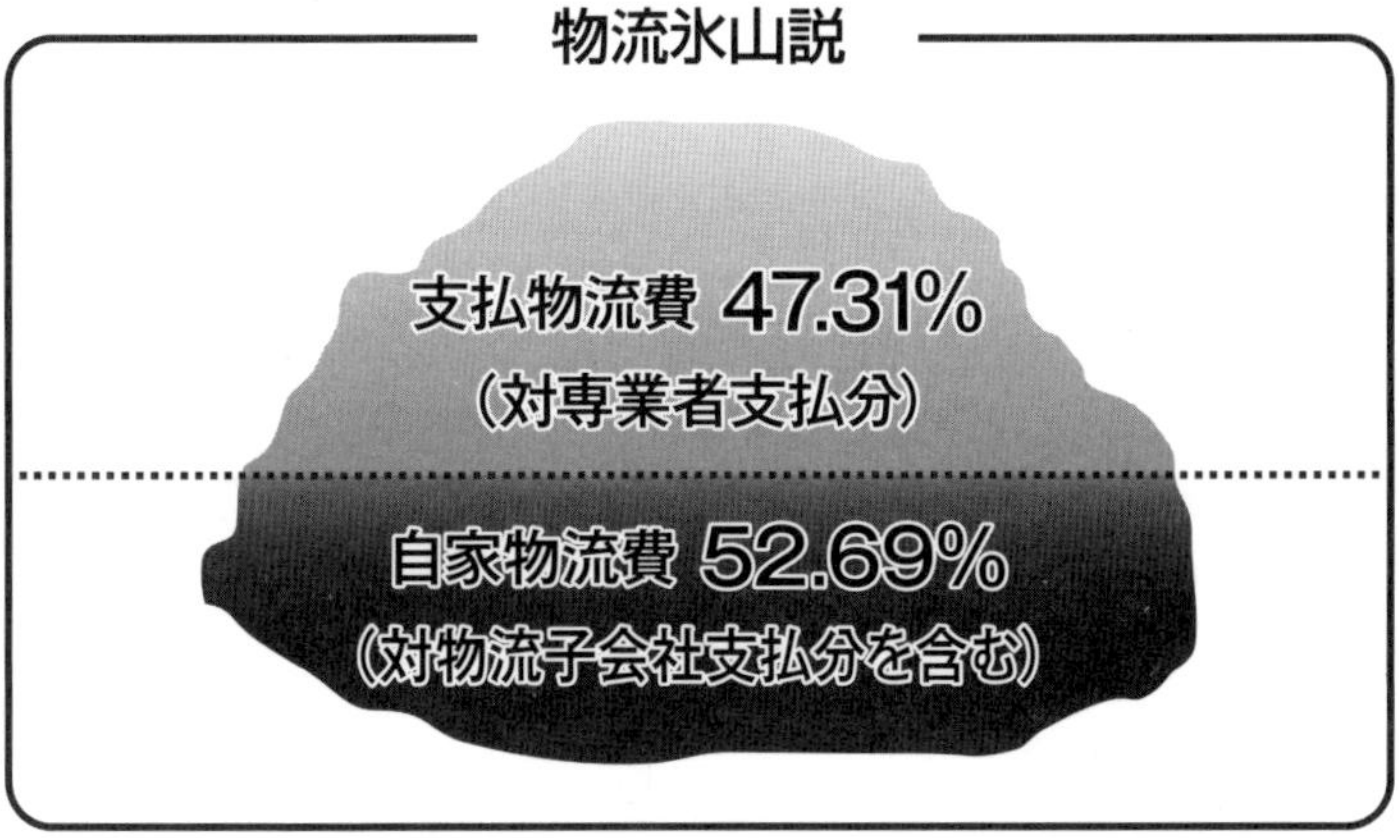

『物流倒産説から物流利潤説へ』西澤 脩著（流通設計21 2005年5月号より）

多くの企業では、支払物流費のみ把握
自家物流費は埋没している場合が多い

自家物流費はさまざまな費目で管理するため、かかった費用を業務量や使用面積に応じて案分しなければなりません。例えば、営業担当者が商品の納品をしている場合、営業担当者の仕事のうち30％が納品など物流に関係する業務であれば、この人件費や営業のための車両費、車両維持費の30％は物流費と見なす必要があります。また、工場の敷地に倉庫がある場合、水道光熱費を一括で支払っていたとしても、敷地における倉庫の使用面積の割合から物流センターで使用している水道光熱費を案分して物流費として見なさなければなりません。

このように、自家物流費を計算するにはとても手間がかかるため、支払物流費のみを管理している企業が多いのも理解できます。しかし、支払物流費と自家物流費の合計を管理しないと、物流コストを管理する意味は半減してしまいます。

14 物流人材に必要な能力要件

物流人材キャリアアップ診断シートの活用

物流の仕事は労働集約型です。生産現場のようなオートメーション化が難しい物流現場では、作業の生産性や品質は人に大きく依存します。また、物流の企画や管理についても、担当者の知識や経験で結果が大きく変わります。最新の設備や情報システムを導入しただけでは意味がないのです。その一方で、最新の車両、設備、情報機器などに投資する余力がない中小・中堅の企業が現場改善活動などを通じて、大手と比較して遜色のない生産性や品質、あるいは企画力を維持していることがあります。

製造業や流通業などの荷主、物流会社を問わず物流の人材育成は重要です。筆者が事務局をしていた日本ロジスティクスシステム協会の物流合理化推進研究会では、物流人材を「(物流の)専門的な知識を有し、物流業務の効率化とサービス向上、あるいは新規の市場・顧客・サービスの開拓など、会社の発展に寄与する物流のプロ」と定義付けました。

この定義によると、物流人材は①物流の専門的な知識を有する②既存の顧客(荷主)や自社の物流の生産性、品質、サービス等を向上、あるいは新規の顧客(荷主)開拓や新しい物流サービスを開発する③物流を通して自社あるいは顧客(荷主)の会社の発展に寄与する――という三つの要素から成り立っています。同研究会では物流人材に必要な能力要件についても討議し、次の六つに整理した上で「物流人材キャリアアップ診断シート」を開発しました。

①企画立案能力

自社あるいは顧客の問題を発見し、その解決方法の仮説立案ができると同時に、企画を実行するため、相手を説得するプレゼンテーションのノウハウと交渉をする能力。

②リーダーシップ

現場の生産性を高めるため、自部門のメンバーに必要な知識を与えるとともに積極的な気持ちを保つための統率力。また、業務の進捗管理をしつつ、メンバー間の情報の流れを良くするとともに、市場環境の変化に対応できる能力。

企画立案能力	レベル1	レベル2	レベル3	レベル4
自社・自部門の問題発見	日常業務において、そのやり方が特に問題があると感じることはない	仕事上、そのやり方や方法について、問題があると感じることがあるが、何が問題かを整理できない	自社あるいは自部門の問題点を発見できる	自社・自部門の問題点について解決案を提案できる
顧客の問題発見	仕事を進めて行く上で、顧客が誰であるかあまり考えたことはない	顧客が誰か理解しているが、あまり意識していない	顧客を意識しながら仕事をしている	顧客の問題点を発見し、解決案を提案できる
問題解決の仮説立案	同僚や上司の指示した手順通りの解決方法をとる	問題を解決していく過程で、仮説立案の必要性を感じたことがある	問題解決の仮説を立案できる	問題の解決案は、IE（インダストリアル・エンジニアリング）や統計分析など科学的手法を用いるとともに専門家の意見を取り入れる
説得交渉力	相手を説得するための、情報やデータ収集の必要性をあまり感じない	情報やデータ収集の際、相手を説得するのに必要なものかどうか意識したことはない	相手を説得するのに必要かどうか意識して、情報やデータを収集している	相手を説得するのに必要な資料やデータを分析し、効果的にまとめることができる
プレゼンテーション能力	プレゼンテーションをしたことがない	部内の会議等でプレゼンテーションをしたことがある	顧客にプレゼンテーションをしたことがある	顧客にプレゼンテーションをした後、受注などの成果が出たことがある

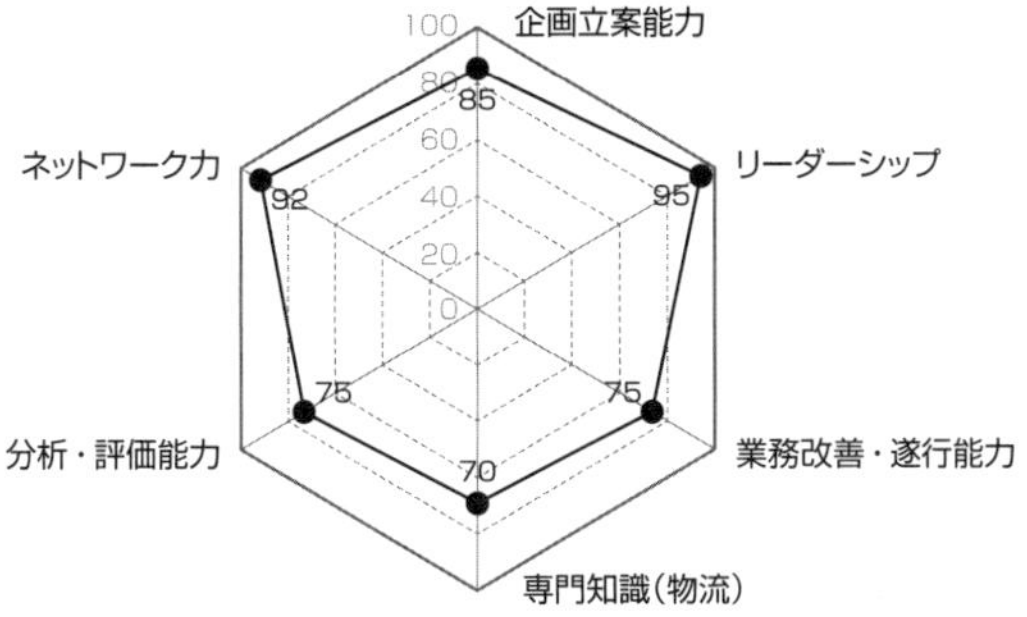

物流人材キャリアアップ診断シートの例

③業務改善・遂行能力

納期や品質、コストのレベルを保ちながら、改善活動を通じて業務の遂行および改善を進める能力。

④専門知識（物流）

物流の輸送・保管・荷役・包装・流通加工といった領域における、それぞれの専門的な知識。業務を改善・遂行するだけではなく、企画・提案する際にも必要な知識と言える。

⑤分析・評価能力

物流は「サービスレベルを強化し、コストを削減する」という二律背反する使命を負っているが、これを可能にするために必要とされるサービスやレベルを定量的（数字）にとらえ、改善分析・評価する能力。

⑥ネットワーク力

物流は領域が広いため、すべての分野に精通するのは難しいが、必要な知識を得られる相談相手（ネットワーク）など人脈を構築している。

15 物流スキルの磨き方

各種公的資格とキャリア・パスの相関図

これまで、物流の仕事では経験や勘が重視されていました。残業、徹夜、休日出勤など、長時間労働をいとわず、また自ら額に汗して働くことが優秀な人材と評価される感は今でもあります。しかし、それだけで良いのでしょうか。物流にもさまざまな理論や知識体系があります。物流人材には経験や勘ばかりでなく、理論や知識が必要です。

そこで、日本における物流関連の公的機関による物流人材の育成実態について説明します。国土交通省では2004年から物流事業者を対象に「3PL人材育成」の研修を行い、毎年約200人が受講しています。日本ロジスティクスシステム協会では「物流技術管理士」、「ロジスティクス経営士」、「国際物流管理士」、「物流現場改善士」の4種類の資格認定講座を開講しています。そのなかでも物流技術管理士講座は有名で、資格認定者は1万1千人を超えています。

このほかにも全日本トラック協会の「物流経営士」、日本3PL協会の「3PL管理士」、日本マテリアル・ハンドリング協会の「ロジスティクス・MH管理士」などの資格認定講座などがあります。

集合研修方式による前述の資格認定講座に加えて、自主学習型の資格もあります。中央職業能力開発協会が2007年より、「ビジネス・キャリア検定試験」を開始しました。本検定試験は人事や総務、経理、営業等の事務系職務を広く網羅した公的資格試験で、国が整備した職業能力評価基準に準拠したものです。

そのうち、物流の分野には荷主向けの「ロジスティクス管理」と物流事業者向けの「ロジスティクス・オペレーション」の2種類があります。それぞれ管理職を対象とした2級、新入社員などの若手を対象とした3級の2階層があり、試験は年2回実施されます。ビジネス・キャリア検定試験の受験生は標準テキストを購入し、自習したうえで受験するのが一般的です。ロジスティクス分野は受験者数が多く、人気資格と言えます。

このような資格以外にも、団体や教育機関が実施するセミナー、現場見学

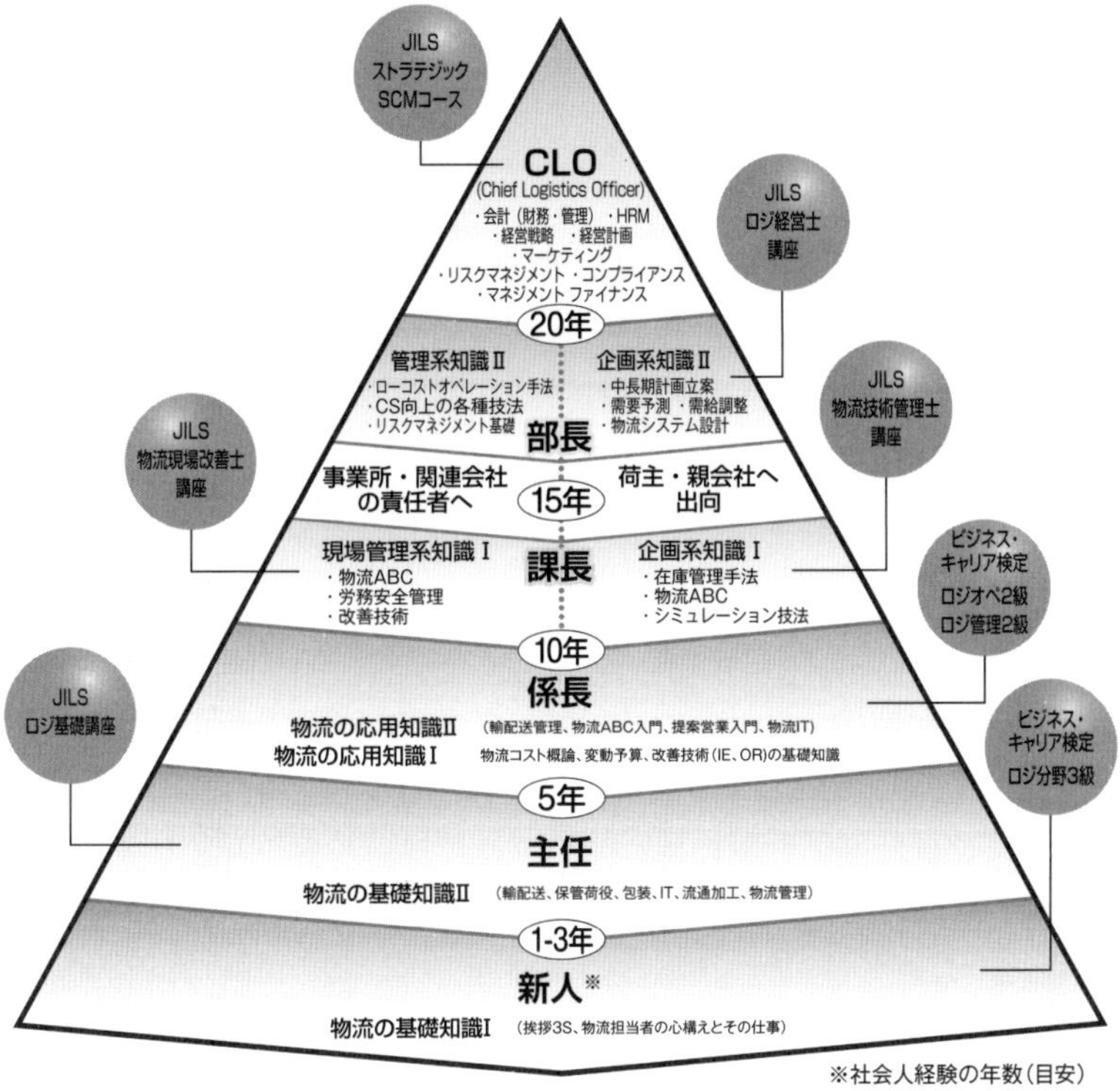

ロジスティクス担当役員へのキャリア・パス

会があります。近年は物流やロジスティクスに関する書籍も多数発刊されています。また、大手物流会社やコンサルティング会社のホームページ等には、物流改善や物流改革などの事例が掲載されているので参考になるでしょう。

　物流に関する各種資格認定講座やセミナーを手当たり次第に受講し、書籍を読みあさるとしたら莫大な費用と膨大な時間が必要です。そこでお薦めなのが、自身のキャリア・パスを作成することです。上図のように、将来、ロジスティクス担当の役員にステップアップするためには、いつ、どんな仕事を経験して、どのような知識を習得するかをおおまかな図やグラフなどで「見える化」してみてください。そして、そのキャリア・パスに沿って、各種の媒体を使ってロジスティクスや物流、経営に関する理論や知識を習得されると効率が良いと思います。

16 物流センター長の仕事①

責任者として業務を遂行、法令順守も徹底

物流人材のなかでも、物流センター長にはさまざまな業務があります。大別すると、「現場の責任者としての仕事」と「現場の管理者としての仕事」の二つです。本項では「現場の責任者」としての仕事について説明します。

現場の責任者がまず念頭に置かなければならないのが、物流センターでの「日々の物流業務の遂行」です。当たり前のようですが、適正な物流品質とコストの下で納期を順守するのは実は大変なことです。物流センターでは、顧客だけでなく社内の他部署（営業、生産、調達など）の要望で緊急出荷などのイレギュラー対応が発生することも珍しくありません。要望に応えるため、予定された業務に加えて計画外のことにも臨機応変に対応する必要があります。

次に「法令の順守」です。物流センター内の業務にかかる法令として、倉庫では「消防法」、輸送では「道路法」および「車両制限令」や「道路交通法」などが挙げられます。また、物流センターには自社社員、パート社員、派遣社員などさまざまなスタッフがいますので「労働基準法」や「派遣法」、協力会社の社員やスタッフなどには「下請法」などが関係します。これら大勢の人々の安全・衛生に関する配慮も必要です。段ボール等の廃材や不良品などの廃棄物が発生することもあるので「廃棄物処理法」も適用されます。

社会的なルールも守らなければなりません。騒音、粉じん、臭いなどに問題がないか、近隣住民や隣接する物流センターへの配慮も必要です。

日々の業務を遂行しながら、これらの法令を順守するのはたいへんなことです。例えば、イレギュラーの緊急出荷を急ぐあまり、スタッフに法定外の残業をさせてしまう、ドライバーがスピード違反をしてしまうこともありえるからです。さらに、自分さえ法令を守っていれば良いというわけでもありません。管理下のスタッフ全員に法令を守らせる必要があるのです。自身が勤務している敷地内にいる、つまり目の届くスタッフだけでなく、物流センターから出発して目の届かない範囲にいるトラックの乗務員にも法令順守を徹底させなければなりません。

ある大手建材メーカーで実際に発生したトラブルを紹介します。山間部の建設現場に建材を納品するため、普段

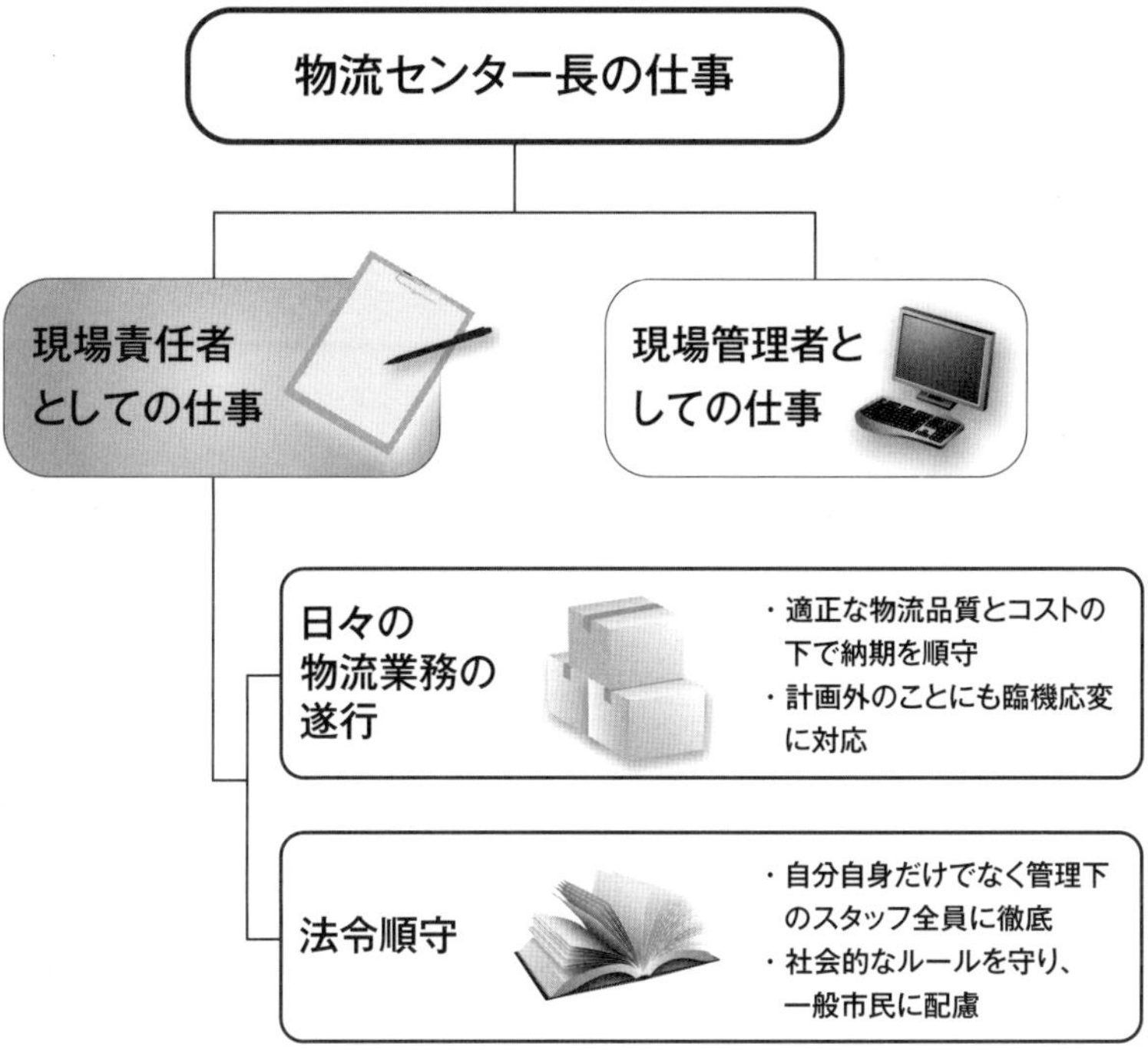
物流センター長の仕事
現場責任者としての仕事
現場管理者としての仕事
日々の物流業務の遂行
・適正な物流品質とコストの下で納期を順守
・計画外のことにも臨機応変に対応
法令順守
・自分自身だけでなく管理下のスタッフ全員に徹底
・社会的なルールを守り、一般市民に配慮

物流センター長はさまざまな業務を遂行する

は取引のない運送会社を利用しました。建設現場では廃棄物がたまらないよう、開梱後に梱包資材を納品車両で持ち帰ります。ところが、この運送会社の乗務員が帰り道で段ボールを不法投棄してしまいました。驚いたのは近隣住民です。大手建材メーカーの名前が印刷された段ボールが大量に不法投棄されていたからです。大手建材メーカーが大至急回収したため大事には至らなかったのですが、物流の実務はこのような危険性とはいつも背中合わせです。

　物流業務を遂行するには公道を使用します。公道で違反、事故を発生させると一般市民に迷惑をかけてしまいます。また、適正な保管や作業を行わないと、取り扱う製品によっては近隣住民に危険や健康被害を及ぼす可能性があります。これらの点を踏まえて、法令順守を徹底することが物流現場の責任者としての物流センター長の重要な仕事です。

17 物流センター長の仕事②

管理者として収支・労務・安全に責任

「管理」を辞書で調べてみると、仕事や活動などを責任を持ってうまく進めていくこと、物や建物などをいつも良い状態に保つこと――などと説明されています。物流センター長は、まさに物流センターの仕事を責任を持ってうまく進め、かつ物流センターを良い状態に保たなければなりません。

本項では物流センター長における「現場管理者としての仕事」について説明します。現場の管理者としての仕事は、**①収支（収益）管理　②労務管理　③安全管理**――にわけられます。

「収支管理」とは収入と支出の差を管理することです。つまり、赤字ではなく黒字で運営しているかということです。荷主企業が自社で物流センターを運営している場合は、収入ではなく「予算」と言葉を置き換えます。前項で説明した物流現場の責任者としての「日々の物流業務の遂行」と「法令順守」を達成しても、その物流センターが継続的な赤字なら、物流センター長としては失格です。収支がマイナスにならないように収入を増やすか、あるいは改善等によって支出を減らす努力をしなければなりません。

次に**「労務管理」**についてです。自社雇用の社員、パート社員、アルバイトの場合は、最低賃金や残業時間の制限を守っているか、長時間労働やサービス残業がないか、無資格のものに有資格者の仕事をさせていないか――などを管理します。派遣社員や業務請負の場合は、二重派遣や偽装請負など契約形態や業務実態に問題がないか、あるいはスタッフに対しての労務違反がないかを管理します。

さらに、輸配送業務を委託している運送会社・物流会社のトラックの乗務員に対して、休憩時間や休暇を取っているか、長時間労働やサービス残業がないかなどを管理します。自社雇用の社員以外にも、管理する対象が多いのが物流センター長の仕事の特徴と言えるでしょう。

最後の**「安全管理」**ですが、筆者は物流センター長の仕事の中で最も重要と考えています。前述したように、物流センター長が管理するのは自社雇用のスタッフだけでなく、派遣会社のス

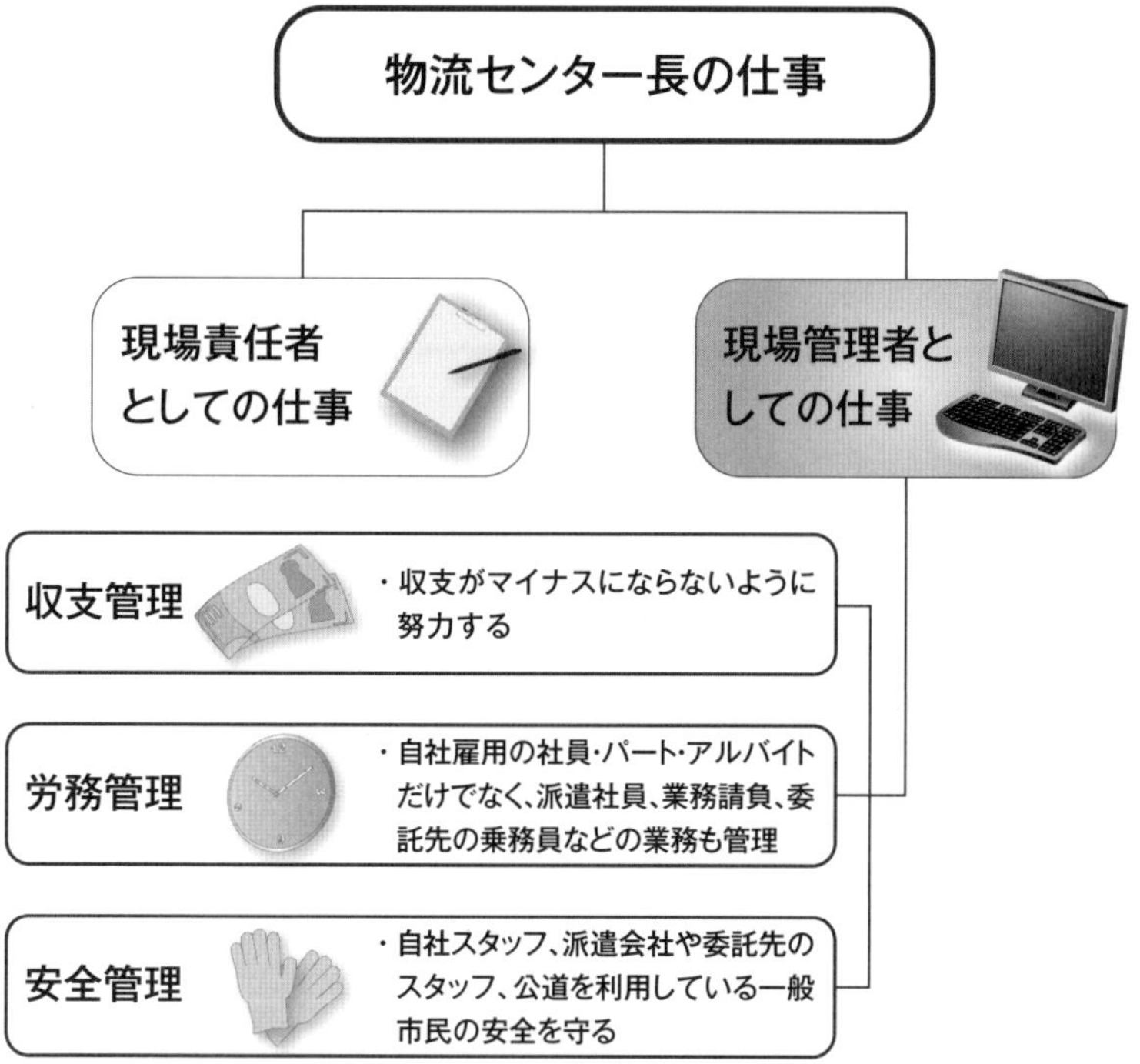
物流センター長の仕事
現場責任者としての仕事
現場管理者としての仕事
収支管理
・収支がマイナスにならないように努力する
労務管理
・自社雇用の社員・パート・アルバイトだけでなく、派遣社員、業務請負、委託先の乗務員などの業務も管理
安全管理
・自社スタッフ、派遣会社や委託先のスタッフ、公道を利用している一般市民の安全を守る

物流センター長は「一国一城の主」。責任が大きい分、やりがいもある

タッフや業務委託先の乗務員も対象となります。彼らの安全を守るとともに、公道を利用している一般市民の安全を守らなければなりません。

書類を扱う事務所と比べて、ものを扱う物流現場では事故の発生頻度が高く、重大事故に発展するリスクも上がります。また、乗用車より大きいトラックやトレーラーでは、交通事故が重大化します。ヨーロッパでは物流センター長の仕事のうち、安全管理が最も重要とされています。万が一、管理下で事故が発生した場合、そのセンター長は責任を取って退職するようです。

物流センター長にはさまざまな仕事と責任があります。たいへんな仕事ですが、筆者の知る物流センター長は、皆生き生きと仕事をしています。会社から物流センターを任されている彼らは一国一城の主なのです。責任が大きい分、やりがいもあるのでしょう。

第3章

物流の構成要素

18 輸送の役割とは

各輸送モードのメリットとデメリット

物流関係のビジネスの最前線で働く人々は、輸送に関することを「輸送」「配送」「輸配送」「運輸」などさまざまな言葉で表します。

輸送とは工場から倉庫、倉庫から店舗などというように拠点間で商品や原材料、資材などの物資を運ぶことです。工場内や倉庫内などを物資が移動する場合には運搬や搬送などと言うので、輸送は物資の拠点間の野外での移動と考えてください。

商品などが生産されたり収穫されたりする場所と、それが消費される場所の間には物理的な距離があります。例えば、米は東北や北陸などで多く生産されていますが、大消費地は東京や大阪といった都市部です。農村という生産地から都市部という消費地へ輸送することにより、都市部の住民は消費が可能となります。

日本工業規格（JIS）では輸送を「貨物を鉄道車両、トラック、船舶、航空機、その他の輸送機関によって、ある地点から他の地点へ移動させること」（JIS Z 0111－3001）と定義しています。

日本国内では、年間約47億8754万トンの貨物が輸送されています。また、輸送する貨物の重量に輸送距離を掛けたものをトンキロと言います。この単位では日本で1年間に輸送される貨物はおよそ4145億トンキロです（2017年度実績）。

輸送に使われるのはトラックだけではありません。JR貨物などの鉄道、船舶や航空機もあります。それ以外にも、石油などはパイプラインを使って輸送しますし、人が手荷物として運ぶハンドキャリーなどもあります。このように輸送する手段を輸送モードと呼びます。

それぞれの輸送モードの特徴と国内輸送実績を左表に示しました。日本ではトラック輸送が圧倒的に多く、重量ベースでは91・5％、トンキロベースでは50・8％がトラックです。

トラック輸送は工場から倉庫、倉庫から店舗というように、ドア・ツー・ドアの輸送が可能です。これに対して船舶、航空、鉄道による貨物輸送の場合、発地から港や空港、駅までの輸送、そして到着した港や空港、駅からの輸

輸送モード	長所	短所	輸送量（千トン）（国内シェア）	輸送量（百万トンキロ）（国内シェア）
トラック	ドア・ツー・ドア可能 小口貨物対応可能 時間の柔軟性	長距離、大量輸送に限界	4,381,246 (91.5%)	210,829 (50.8%)
船舶	一度に大量輸送可能 安価	輸送速度が遅い 輸送地域に制限あり 荷扱いが大変	360,127 (7.5%)	180,934 (43.7%)
航空	輸送速度が速い （特に長距離） 貨物ダメージ小	運賃が高い 大量輸送には不向き	999 (0.0%)	1,066 (0.3%)
鉄道	大量の貨物をそこそこ早く輸送できる 環境負荷少	ダイヤの柔軟性少 運送手配が大変	45,170 (0.9%)	21,663 (5.2%)

国土交通省（2017年度実績）

各輸送モードの特徴と国内輸送実績

送が必要です。

トラック輸送は時間の柔軟性もあると言えます。船舶、航空、鉄道による輸送は出発時刻が決まっており、貨物の準備が間に合わない場合は置いて行かれてしまいます。しかし、トラック輸送の場合は出発時刻の調整が可能です。この点、利用者にとっては利便性が高いと言えるでしょう。

輸送に良く似た言葉に、配送というものがあります。配送とは「貨物を物流拠点から荷受け人へ送り届けること」（JIS Z 0111－3003）とJISで定義されています。身近なところでいえば、宅配便も配送に入ります。ちなみに、日本で1年間に利用される宅配便は約42億個で、1人あたり年間約33個、つまり毎月3個程度は宅配便を利用していることになります。通信販売の利用が今後も増加することを考えると、宅配便の利用個数はますます増加するものと思われます。

19 輸配送ネットワークの構築

コストとサービスレベルを決め手に設計

輸配送ネットワークの設計・構築は、今後の物流コストや物流サービスを決定付けるたいへん重要なことと言えます。

まず、輸配送ネットワークを構築するにあたって、ノード（Node）とリンク（Link）について考えることが必要です。ノードとは結節点を意味し、製部品の積み替え、あるいは一時滞留する場所を言います。例えば、港湾、空港、トラックターミナル、倉庫、物流センターなどです。リンクとはノードとノードを結ぶ線であり、輸送経路のこと。そこで使われるのがトラック、船舶、鉄道、航空などの各種輸送モードです。一般的に、物流拠点数が増え、輸配送の距離が短くなると輸配送費は削減できます。ただし、物流拠点が分散するので保管費や人件費及び在庫維持費用などがかさみます。

次に、輸送モードを選択する際には、**①輸送する貨物量（容積、重量）②輸送距離　③緊急度　④製品（商品）特性と荷扱いの特性　⑤運賃負担力　⑥取引条件**――などを考慮します。

一般的に、輸送速度が速いものは運賃が高く、運賃が安いものは速度が遅いという関係にあります。緊急性の高い貨物は運賃度外視で速く運ぶ必要があるでしょうし、運賃負担力の低い商品（具体的には安価な商品）は、計画的に安価な輸送方法を選択する必要があります。

トラックと鉄道など複数の輸送モードを組み合わせた輸送方法を複合一貫輸送（マルチモーダル）と言います。幹線輸送を鉄道や船舶で行い、港や駅から目的地までの輸送でトラックを使います。温室効果ガスの排出量が少なくエネルギー効率が良い鉄道や船舶輸送と、利便性の高いトラック輸送を組み合わせることにより、環境負荷を軽減できるということで注目されています。

それでは具体的な事例を挙げて説明します。ある大手製造業が図①のように、全国に10カ所前後の物流拠点を持っていました。現在のように物流事業者による輸送網が確立される以前のことです。卸売業や小売業など得意先に対して迅速な供給・納品体制を実行するためには、これだけの物流拠点が

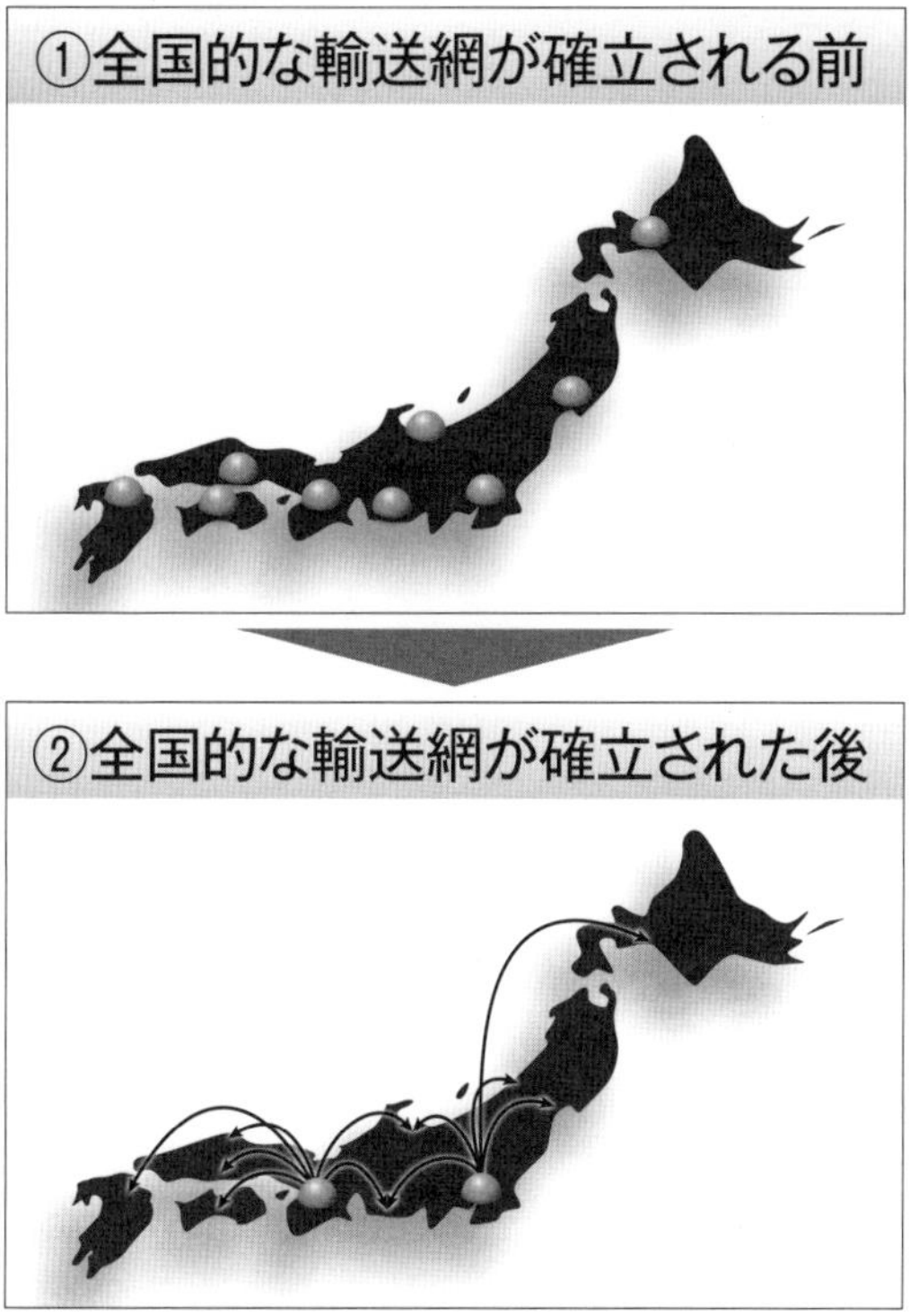

物流拠点の集約により輸配送費は増加するが、トータル物流費を圧縮する

必要でした。

しかし、今では輸送網が確立されたこと、卸売業が大規模化し各地に在庫拠点を置いたことにより、図②のように東西の2拠点への物流拠点の統合を進めています。

「物流拠点（ノード）の集約・削減により、輸配送費は増加するがトータル物流費を圧縮する」という取り組みは、多くの企業で実施され成果を上げています。

このように、物流拠点と輸配送経路による輸配送ネットワークを設計した段階で、今後発生する物流コストとサービスレベルの大枠が決まります。輸配送ネットワークを設計する際は、コストの視点だけでなく納品までのリードタイム（所要時間）や納品回数、配送の時間帯指定や多頻度納品が実現できるかなど、物流のサービスレベルや品質の視点も必要です。

20 物流センターと物流不動産

自社所有と賃借の判断基準

物流センターの立地と輸送経路を決め、「輸配送ネットワーク」を設計することは、企業にとって経営戦略上とても重要なことです（第19項「輸配送ネットワークの構築」、第30項「マネジメント視点の物流改善」参照）。中でも投資額が大きいのが物流センターです。新しくセンターを建設するには土地、建物、設備（マテハン機器など）、情報システムなどで20～50億円が必要になります。医薬品や食品など温度管理を必要とする商品を取り扱う場合は、冷蔵や冷凍の設備が必要なので、投資負担はさらに大きくなります。

ですが、物流センターを開設するのにあたって、**①自社でセンターを建設して所有する**という従来からの方法に加え、**②3PL企業や物流会社の施設を賃借する ③物流不動産会社の施設を賃借する**――という選択肢も最近では一般的になっています。どのパターンが良いかは、企業の経営戦略によって異なります。

製造業・卸売業・小売業、通販会社などの荷主企業はバブル経済崩壊後、ヒト・モノ・カネの経営資源を本業であるコア・ビジネスに集中投下したいと考えるようになりました（第36項「3PLは期待の星」参照）。そこで、3PL企業へ物流業務を委託するのに合わせて物流センターを用意してもらったり、物流会社の施設を賃借するなど、毎月の利用料を支払う方法を選択することが増えています。

荷主が物流センターを自社所有せずに、賃借するメリットは三つあります。一つ目は、多額の「投資」が不要という点です。二つ目は、物流センターの費用を固定費から変動費化できること。自社所有の物流センターの場合、物量が少ない時でも減価償却費や固定資産税が一定額かかり、費用が固定費化されてしまいます。しかし賃借であれば、物量に応じて使用面積などを増減すれば良いので、変動費化することが可能です。

三つ目は、経営の環境や状況に応じて、物流センターの大きさや場所を変更しやすくなることです。通常、自社所有の物流センターの場合は投資額が大きいため、20～30年計画で立地や大きさなどを検討します。ところが競合

プロロジスの開発した大型物流施設「プロロジスパーク座間 1」（右）と「プロロジスパーク座間 2」（左）

他社との競争が激化しており、グローバル化も進展している今では、検討時の想定が覆ることが少なくありません。計画よりも短期間で販売数量が増えたり、販売エリアが拡大したり、あるいは生産拠点や仕入先が変わることもあり得ます。現状の物流センターの立地が10年後も最適であるとは限らないのです。それに比べて、賃借の場合は契約期間が切れれば最適な立地や規模の物流センターに変更できるため、自社で所有するよりも事業環境の変化に対応することが容易です。

センターの貸し主としては、②のような3PL企業や物流会社ばかりでなく、最近では③の物流不動産会社の存在感も高まっています。彼らは投資家から資金を集めて不動産に投資し、収益を還元する「REIT（リート、不動産投資信託）」という仕組みを活用し、複数の企業が入居できる大規模な物流施設を整備したり、1社専用のセンターを建設して長期間貸し出したりしています。

こうした物流不動産会社では外資系のプロロジスやGLP（グローバル・ロジスティック・プロパティーズ）が有名で、日系でも大和ハウス工業やオリックス、商社や総合不動産会社など多くの企業がこの分野に参入しています。これらの企業が建設する物流施設はワンフロアが数千坪以上という大規模なものが多く、多層階でも通常は各階にトラックが着車できるようランプウェーが付いています。

荷主企業と同様、物流会社や3PL企業も自社所有と賃貸の物流センターを使い分けるようになっています。物流不動産会社の利用が増えているのも同じです。ただし、物流業にとっては自社所有の物流センターは財産にもなるため、取り扱いの見込みや土地の価格と立地、不動産相場などから投資の可否を判断するようです。

21 保管の目的と必要性

在庫の適正化と適切な管理が大切

物流の重要な機能の一つに「保管」があります。保管とは「物資を一定の場所において品質、数量の保持など適正な管理の下で、ある期間蔵置すること」（JIS Z 0111-4001）と日本工業規格（JIS）で定義されています。商品、原材料、資材といったものだけでなく、経理伝票や病院のカルテなど、法律に基づき一定期間保管の必要な書類等も対象です。

ワインやウイスキーのように保管することにより商品価値が増すものもありますが、多くの場合は保管すること自体には価値がない、あるいは商品が劣化するなど価値を低下させるマイナス面が大きいと考えられます。

それにもかかわらず、なぜ保管が必要か。次の4点に分けて解説します。

①消費の変動に対して生産コストを最小化する（規模の経済）

生産や仕入れは単位が大きい方がコストが下がる傾向にあります。例えば、1日10万本の生産能力を備えた缶コーヒーの製造設備があるとします。ある製品の1カ月の必要量が10万本の場合、毎週2万5千本生産するのではなく、まとめて1日で10万本製造することになります。まとめて生産・仕入れることでコストを抑えられる一方、一時的に保管が発生します。

②生産と消費の間のタイミングや量の変動の調整（例：クリスマスケーキ、暖房器具などの季節商品）

12月24、25日の2日間で販売されるクリスマスケーキは、この2日間では生産しきれません。よって早い時期から製造をスタートし、必要な時期に一斉に販売するため冷凍庫等での保管が必要になります。

③消費または次の工程へ迅速に供給する（短納期化を実現）

対消費者にしろ、企業間取引にしろ、必要な時に商品等を迅速に提供できなければ、販売機会を逃します。そのため、売れるであろう商品等をあらかじめ準備しておかなければなりません。それで保管が必要になるのです。これに対して、注文を受けてから生産することを受注生産、注文を受けてから仕入れることを客注仕入れなどと言います。この場合、納期は長くなりますが、保管の必要はなくなります。

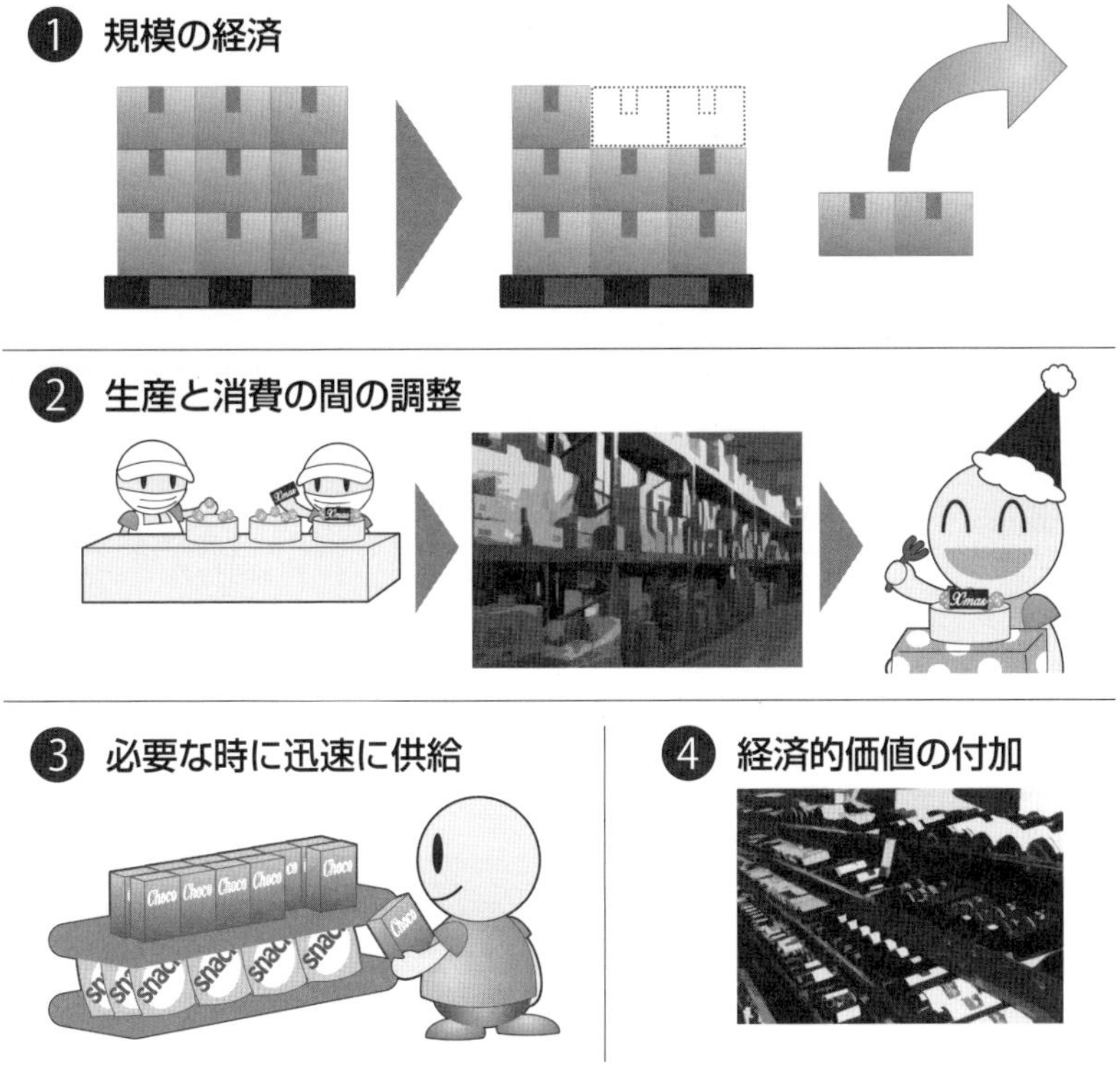

保管が必要とされる４つの理由（イメージ）

④商品への経済的価値の付加（例：コーヒー豆など市況に合わせて出荷）

ワインやウイスキーなど貯蔵による熟成で商品価値が高まるものがわかりやすいと思います。そのほか、コーヒー豆や砂糖など商品相場が大きく変動するもの、海外からの仕入れが主で為替相場の変動で商品価格が変わるものなどは、商品相場が安いときや円高のときに大量に仕入れるというようなことがあります。

保管自体には価値がないとしても、潤滑な経済活動や効率的な企業経営にとって保管することが必要であることは言うまでもありません。ただし第4項「ロジスティクスの役割」で触れたように、どの商品を、どれだけ、どこに保管するかという在庫の数量と配置の適正化を忘れてはいけません。また、効率的に保管する、温度や衛生面、法令面で適切に保管する、在庫差異がないように管理することも大切です。

22 保管設備・機器の活用

保管・作業効率を高めるために

主な保管場所には店頭、店舗のバックヤード、事務所、倉庫などがあります。倉庫には左図で示すように大きく分けて4種類あります。自社倉庫（自家倉庫）、農業倉庫、協同組合の倉庫、そして倉庫会社、物流会社が荷主などに貸したりする営業倉庫です。営業倉庫にも数種類あり、温度管理をしていない常温倉庫、建材などを扱う野外の野積み倉庫、ガスやエネルギーのタンクなどのほか、貯木場などの水面倉庫、低温の冷蔵倉庫や冷凍倉庫、家庭の荷物等を預けるトランクルームなどがあります。

最近では災害時などに備え、企業の各種社内データや書類を保管する専用の倉庫もあります。

次に保管するための主な機器について説明します。

〈パレット〉

輸送、保管、荷役する際に、荷物をとりまとめるために用いられます。平パレット、ロールボックスパレット（カゴ車）などがあります。

〈ラック〉

小物や軽量物を保管する時に使う金属製等の棚のことです。一枚の棚板の耐荷重が150キログラム以下の軽量ラック、150キログラム以上の中量ラックがあります。また、パレットに載せた貨物をそのまま保管するパレットラックがあります。

平パレット

ロールボックスパレット

ラック

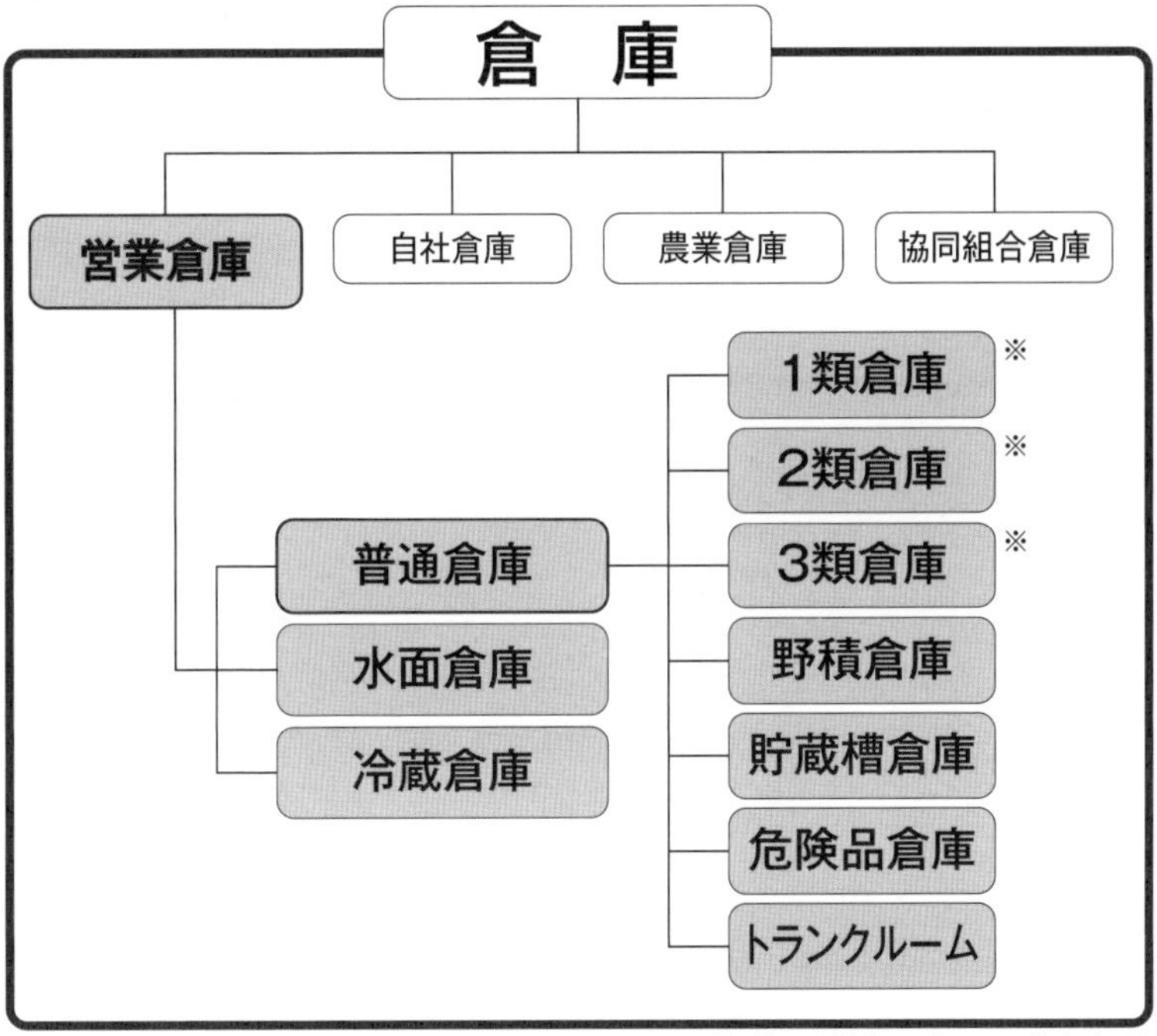

※設備・構造によって分かれる

倉庫業法上の倉庫の分類図

〈立体自動倉庫〉

貨物を格納する棚を立体高層化し、入庫と出庫をスタッカークレーンなどにより自動化している倉庫です。大規模な物流センターなどで利用されています。

立体自動倉庫

パレットラック

23

荷役の機能と荷役機器

物流の現場を支える荷役とは

荷役（にやく）とは「物流過程における物資の積卸し、運搬、積付け、ピッキング、仕分け、荷揃えなどの作業及びこれに付随する作業。マテリアルハンドリングともいう」（JIS Z 0111－5001）と日本工業規格（JIS）で定義されています。物流現場での作業と考えるとわかりやすいです。

工場から物流センターに到着した商品を店舗別に納品することを想像してください。工場からトラックが到着したら、まず商品を荷受場で取り降ろします。その後、保管エリアや作業エリアへ商品を運搬します。次に商品を店舗別に仕分けたり、別の商品を集品（ピッキング）して、荷揃えします。商品が準備できたら、トラックに積み込んで出発します。こうした一連の作業を荷役と呼びます。

もちろん、荷役は物流センター内だけではありません。港で海上コンテナに貨物の積み込みや取り降ろしを行ったり、納品先の店舗で商品を取り降ろして指定場所へ運搬することなども該当します。

物流センターでの荷役には段ボールを開梱し、中の商品をピッキングしたり、それらを店舗別やフロア別に仕分けしたりするほか、荷揃えして検品・梱包するといった作業も含まれています。特に卸売業や小売業などの物流センターでは、1品種を一つずつなど小さな単位でピッキングして荷揃えし、出荷するということがあります。

このように、荷役は物流現場におけるさまざまな作業を意味します。荷役という言葉から、筋骨隆々の男性の仕事という印象があるかもしれませんが、物流センター内での小分けやピッキング、検品や梱包などの軽作業は女性のパート社員が主役です。

荷役の主な機能に、①**運ぶ**（構内や敷地内を移動させる）②**集める**（ピッキングする）③**揚げる**（階上、あるいは棚の上部へ移動させる）④**仕分ける** ⑤**保管する** ⑥**まとめる**（荷揃えする）⑦**識別する**――が挙げられます。

荷役には人力だけでなく、さまざまな機器を使用することもあります。例えば、フォークリフトは積み込みや取

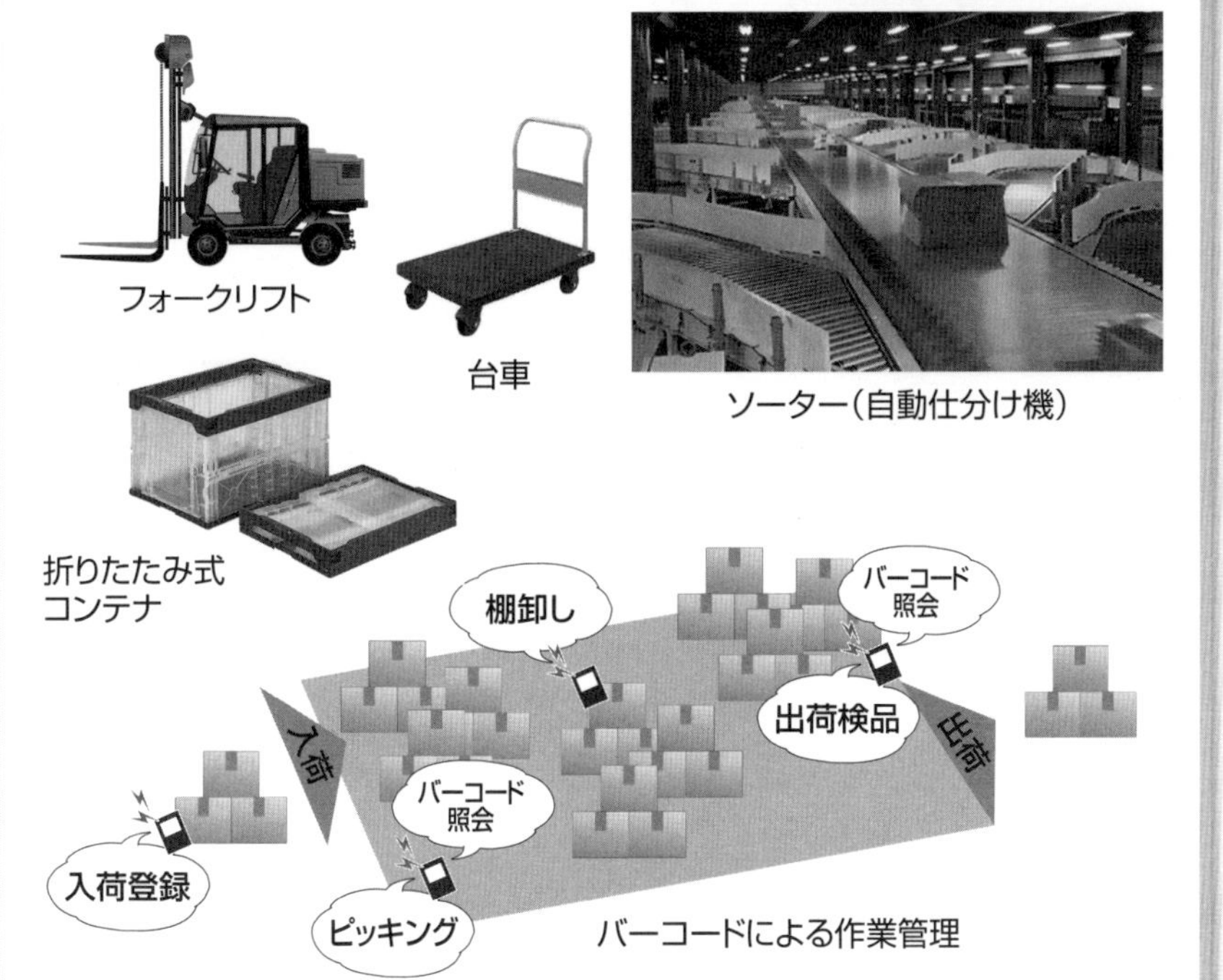

り降ろし、運搬などに使用します。コンベアは構内の搬送に便利です。エレベーターや垂直搬送機は異なる階へ貨物を移動させる際に利用します。主な荷役機器には次のものがあります。

①運ぶ：フォークリフト、台車、コンベアなど

②集める：ピッキングカート（台車）、デジタルピッキング（デジタル表示器を使って行うピッキング）など

③揚げる：エレベーター、垂直搬送機など

④仕分ける：ソーター（自動仕分け機）など

⑤保管する：パレット、ラック（棚）、立体自動倉庫など

⑥まとめる：折りたたみ式コンテナ（折りコン）、ロールボックスパレットなど

⑦識別する：バーコード、二次元シンボル、ＲＦＩＤ（ＩＣタグ）など

上図で示したような荷役機器は、読者のみなさんも工場や物流センター、店舗などで目にしたことがあるかと思います。これらの機器により、重労働であった荷役作業の負担が軽減できるのはありがたいことです。

24 自動認識技術の発展

バーコード、二次元シンボル、ＲＦＩＤの活用

前項の最後に荷役機能として「識別する」ということを挙げました。識別するとは、どういうことか説明します。

物流工程上、品種ごとにまとめる、あるいは仕分ける作業を行う際は、商品名や商品番号などを目印に品種を識別します。商品数や取扱量が少ない場合は人海戦術による目視で区別できますが、商品数や取扱量が増えると限界があります。そこで便利なのが自動認識技術です。具体的には、記号化された各種のコードです。

このうち、代表的なものがバーコードです。スーパーやコンビニで買い物をする際、レジで商品の裏側に印刷された棒状のコードをスキャンしています。これが「バーコード」です。13桁のコードで製造国、メーカー、商品を区分しています。商品が入れられている段ボールにも同じようなコードが印刷されており、メーカー、商品、入り数を表しています。

13桁のバーコードでは情報量が限られるという短所を補うため、開発されたのが「二次元シンボル」です。情報量がバーコードの１００倍以上あり、製造工場、原材料などの情報を盛り込むことが可能です。代表的なものに「ＱＲコード」があります。

近年、食の安全に対する関心の高まりなどから、商品の流通過程の情報も追記できないかとの要望があります。しかし、バーコード、二次元シンボルともに印刷された情報であるため、情報を追加することができません。また、どちらもコードを認識するためには、読取機で一つずつ読み取らなければなりません。

こんな不便を解消してくれるのが、近年注目されている「ＩＣタグ」（ＲＦＩＤ＝Radio Frequency Identification）と呼ばれるものです。ＲＦＩＤはＩＣ（集積回路）を組み込んだ微小なタグで、複数のタグを非接触で同時に読み分けることが可能です。数センチ～数メートルの無線通信によって情報をやりとりするため、在庫管理や棚卸し、入荷検品をする際、商品を一つずつ読み取る必要はありません。ある範囲に置かれた商品を一斉に認識することが可能です。これにより、棚卸しや検品の工数が大幅に削減されるとと

	バーコード	二次元シンボル	RFID(ICタグ)
イメージ	1 234567 890128	マトリックス式　スタック式	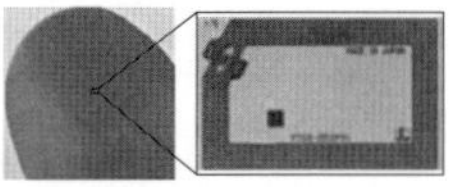
概要	しま模様状の線の太さによって数値や文字を表す識別子で、基本コードは13桁。 国番号2or3桁、メーカーコード5or7桁、品物番号（アイテムコード）5or3桁、間違い防止の番号（チェックデジット）1桁から構成され、すべての商品に異なった番号を付けることになっている。	水平方向と垂直方向に情報を持つ表示方式のコード。 バーコードに比べ、高密度で大容量の情報を表示でき、英数・かな・漢字・図式などが表示可能。 誤り検出と補正機能により最大20～25％欠落してもデータ読取可。小さな正方形を上下左右に配列させたマトリックス式と、バーコードを上下に複数重ねたスタック式がある。	ICを組み込んだ微小なタグ。複数のタグを非接触で同時に読み分けることが可能。数センチ～数メートルの無線通信によって情報をやりとりする。流通過程の履歴情報などを追加することができる（書き込み可能）。
長所	・ランニングコストが安い ・コード、読取機とも普及	・情報量増大（約100~500倍） ・一部欠損しても読取可	・情報量増大、追記可能 ・読取速度速い
短所	・情報量制限、書換不可 ・汚れ、水濡れで読取不可	・書換不可 ・読取機の再投資必要	・コスト高、読取機の再投資必要 ・技術的、倫理的課題あり

自動認識技術の概要と特徴の比較

もに精度も高くなります。

情報を書き込める点も便利です。例えば、商品がA工場から出荷されB物流センターで何日間保管され、C物流センターを経て店頭に到着したなどという流通過程の履歴情報などを追加で書き込むことも可能です。

ＲＦＩＤは、私たちの身近なところでも利用されています。図書館やレンタルＤＶＤショップで、貸出手続きをせずに本やＤＶＤを持ちだすと、出入口のゲートでブザーが鳴ります。これにはＲＦＩＤが活用されています。

ＲＦＩＤによって流通や物流の利便性が高まることは間違いありません。しかし、まだ1個あたりの単価が高いこと、個人情報の保護の観点から問題があること、また金属などに添付すると読み取りの精度が低くなるなど技術的な問題があることから、本格的に普及しているとは言えないのが現状です。

25 包装の種類と機能

内容物を保護し、価値を高める

包装には物品が生産者から消費者の手元に届けられるまでの輸送、保管、荷扱い、販売、使用などの工程において、次の五つの目的があります。

①中身製品の品質低下を防ぎ保護する

②中身製品の安全・衛生を確保し、損傷から守る

③製品の取り扱いを便利にする

④製品を販売しやすくする

⑤購入者、使用者にとって必要かつ正確な情報を伝達する

このなかで最も大事なのが、①と②の内容品の保護、安全・衛生の確保です。これらが重要なのは説明するまでもないと思います。余談ながら、筆者が子供のころ、家事の手伝いで鶏卵や豆腐を買い物にいく場合は、竹籠やボールを持参しました。読者の皆さんからすれば、不便な時代でしょう。それが今は卵はエッグホルダーに包装され、豆腐もプラスチックの容器に入れられ販売されているため、その必要はありません。

お店に行くと、消費者が購入しやすい数量や形状に食品や雑貨が包装されています。これを「商業包装」と言います。また、消費者の購買意欲を高めるため、綺麗あるいは派手なパッケージに包装されています。これを「消費者包装」と言います。商品の外見はマーケティングやマーチャンダイジングにとって、とても重要です。

一方、飲食店やホテルなど大量利用する事業者向けには綺麗な包装は不要なので、コストを優先した地味な包装をしていると思います。これを「業務用包装」と言います。物流の世界での包装とは、「商業包装」や「消費者包装」ではなく、物品を輸送、保管することを主目的とした「工業包装」、あるいは「輸送包装」を言います。

日本工業規格（ＪＩＳ）の物流用語の定義では、包装とは、「物品の輸送、保管、取引、使用などにあたって、その価値及び状態を維持するために、適切な材料、容器などに物品を収納すること及びそれらを施す技術、又は施した状態。これを個装、内装及び外装の3種類に大別する。パッケージングともいう」（ＪＩＳ Ｚ ０１１１－２００１）と説明されています。たばこを例に個装、内装、外装を説明した図を掲

個装	内装	外装
物品個々の包装で、物品の商品価値を高めるため又は物品個々を保護する為に適切な材料、容器などを施した状態	包装貨物の内部の包装で、物品に対する水、光、衝撃等を考慮して、適切な材料容器などを施した状態	包装貨物の外部の包装で、物品又は包装物品を箱、袋、たるなどの容器に入れ（中略）、記号・荷印等を施した状態

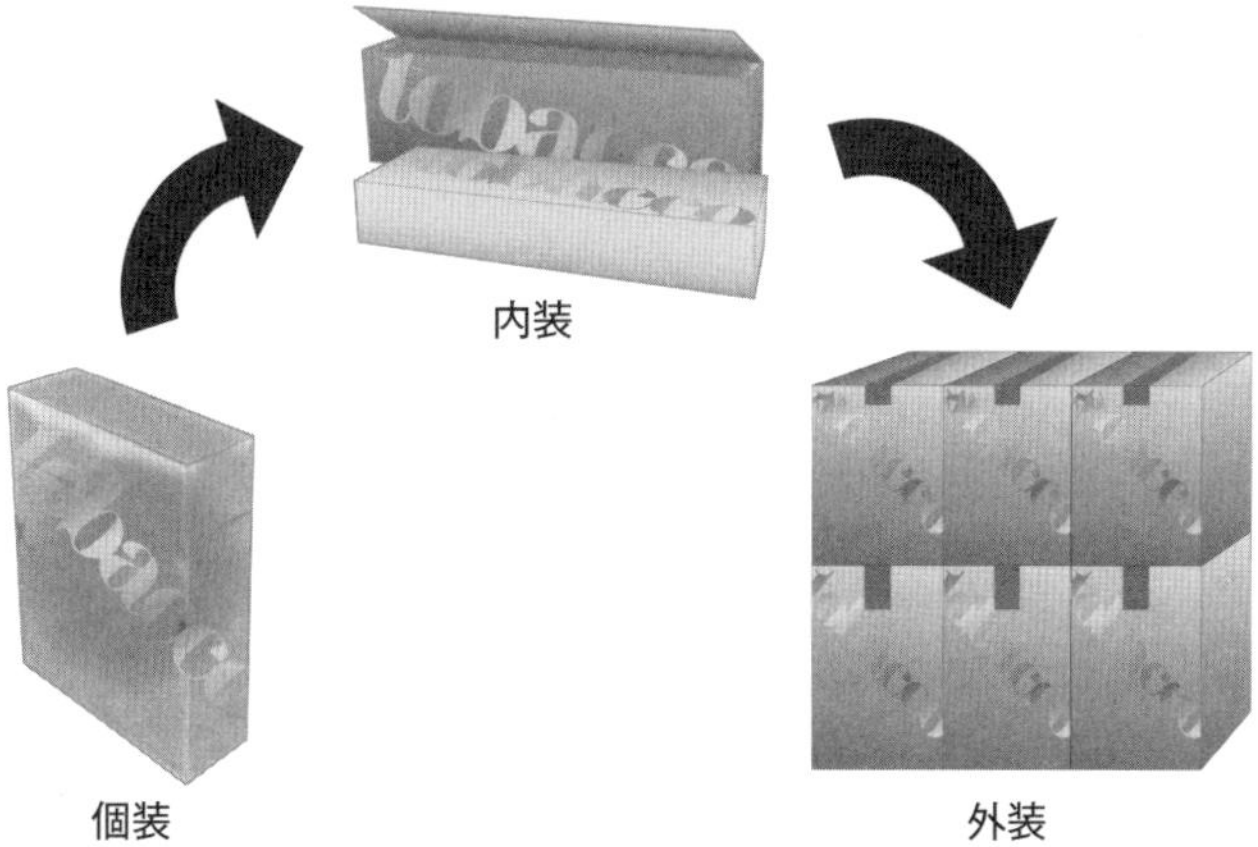

個装、内装、外装の定義とたばこの包装イメージ

載しました。

このうち、物流が関係するのは外装、すなわち「工業包装」あるいは「輸送包装」です。包装は輸送、保管、荷役などを行う際、商品等の取り扱いの利便性を高めるため、物流にとって重要な機能です。商品が個装の状態でむき出しのままであれば、流通業者や物流業者は取り扱いが不便です。また流通過程でキズが付いたり、品質が劣化する恐れがあります。段ボールやコンテナに入れることによって、取り扱いが容易になります。

輸送や保管の効率を高めるためにも、外装は関係しています。「あと1センチ段ボールの高さが低かったら、トラックにもう1段積載できるのに」などということがあります。包装の合理化は包装コストだけでなく、輸送費や保管費にも影響するのでとても重要なのです。

26 外装の種類と機能

輸送・保管・荷役効率に大きな影響

包装のなかでも、物流に関係の深い外装（輸送包装）について説明します。外装材料として一番多く使用されているのが段ボールです。軽量で安価、またさまざまなサイズや形状に加工しやすく、印刷もできる利便性が高い包装材料です。使用済みの段ボールはリサイクルして再生することも可能です。

たいへん便利な段ボールですが、湿度や水ぬれに弱いという欠点もあります。特に梅雨時期などは、空気中の湿度を吸収して段ボールが膨張、いわゆる胴膨れ（どうぶくれ）します。梅雨の時期だけでも、コストアップになるかもしれませんが、防湿性の段ボールを利用する方が良いでしょう。

プラスチック製の外装材では自動車や電化製品の部品、食品などを輸送、保管する際に使用するプラスチック・コンテナがあります。コンビニやドラッグストアで見かけるプラスチック・コンテナは中身が空になると、折りたたむことができるので折りたたみ式コンテナ、通称オリコン（折りコン）とも言います。

そのほかにも、化学原料や液体などを入れる金属製の缶があります。大きいものはドラム缶、一斗缶などがあります。また、重量物や輸出入貨物などの場合、木材を外装材に使用する場合もあり、これを木枠梱包とも言います。環境負荷軽減あるいは使用後の廃棄物処理の点などから、木枠梱包は近年減る傾向にあります。

包装材料には製品特性や輸送途中の貨物ダメージ、納品先の要望などを考慮して、適切なものを選択することが重要です。エアコンの室外機を例に説明します。重量物のエアコンの室外機は、昔は木枠梱包されていました。しかし、設置後、不要になった梱包資材の処理に困るため、段ボール包装に変更されました。すると、そのとたんに貨物事故が多発しました。段ボール包装だから軽いと思った荷役作業者が、想像していた以上に重いため落としてしまった、あるいは段ボールの側面に膝をあてて動かしたため室外機の側面が凹んでしまったというようなことが頻発しました。

そこで、段ボールは上部と下部だけに使用し、側面をフィルムで覆うだけ

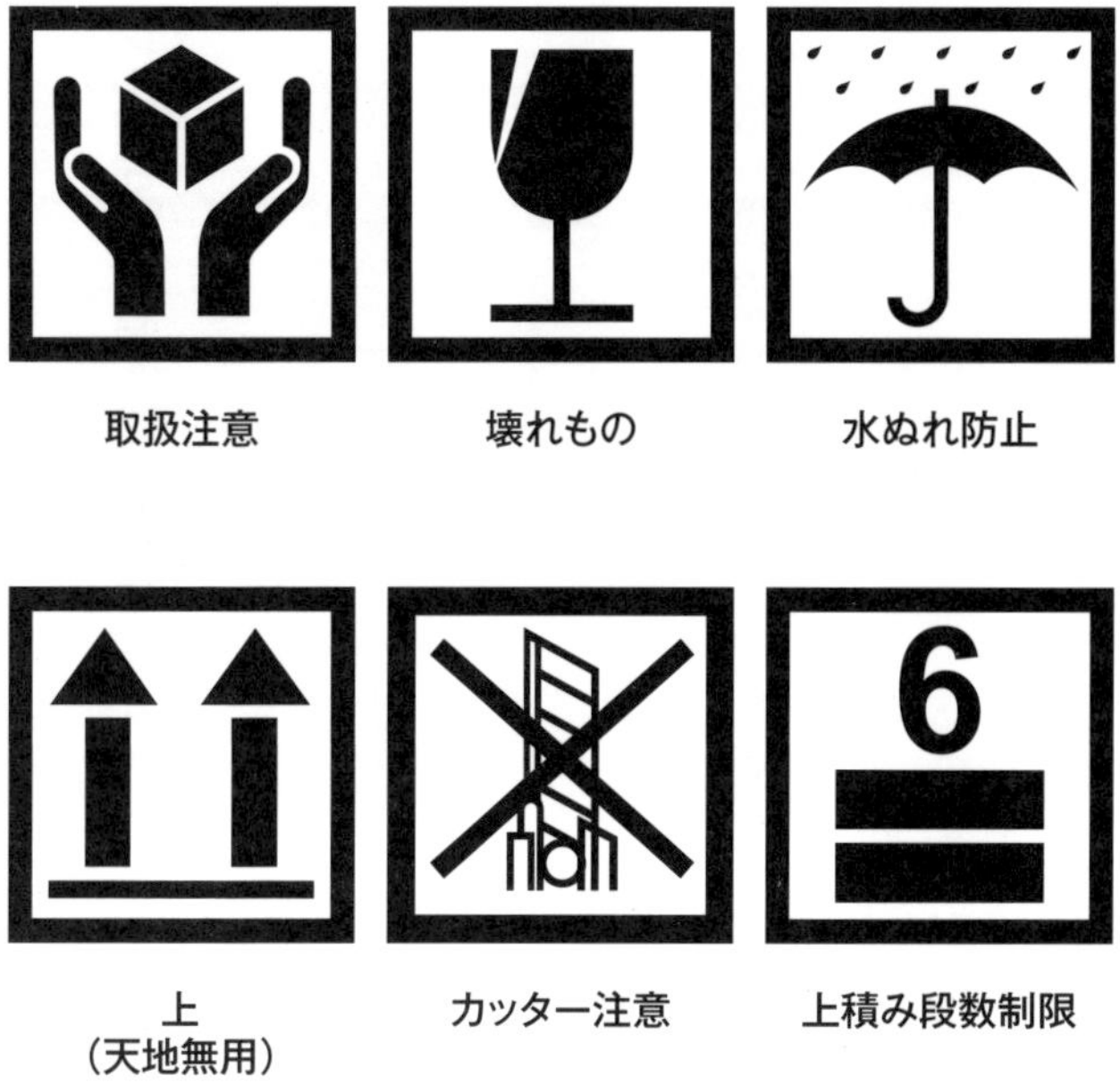

ケアマークの例

にしたのです。これだと中身が見えているため、作業者は重量物と理解し、また側面が保護されていないため荷扱いが丁寧になり貨物事故が減りました。包装コストが削減され、設置後の梱包資材の処理も安易になりました。

外装には荷扱い時の指示が表記されていることもあります。「壊れもの」、「取扱注意」、「水ぬれ防止」、「上（天地無用）」など、段ボール等にさまざまな記号が表記されています。

包装は、物流の効率化にとって非常に重要なものです。外装のサイズによって倉庫での保管効率、輸送時の積載効率が変わってきます。また、包装により、荷扱いの利便性や中身の破損のリスクも変わります。しかし、だからといって、たくさんの費用をかけることもできません。残念なことに包装は、その役目が終了したら用無しだからです。近年、リサイクルなどの再資源化が多くなされるようになったのは幸いと言えるでしょう。

27 流通過程における加工業務

アパレル製品の値札付けから、鮮魚のパック詰めまで

流通加工とは、本来なら工場や店舗で行う加工を倉庫や物流センターといった流通過程において実施する作業のことを言います。アパレル製品の検品・検針や値札付け、精肉や鮮魚のパック詰めと値札付け、中元・歳暮等のギフトのセット組みなどが挙げられます。

アパレル製品を例にとって説明します。縫製工場で生産されたアパレル製品は、物流センターに運ばれます。ここでまず検品と検針を行います。検品では破れやほつれがないか、ボタンなどの付属品がきちんと付いているか、サイズは合っているかなどをチェックします。不合格のものは補修したり、廃棄します。合格したものは、縫製時の針が折れて残ったりしていないか検針します。

検針には検針機という金属を探知する特別の機械を使用します。靴は踵をくぎで留めている場合があり、くぎが正しく留められていなければ靴を履いた時にケガをする恐れがあります。金属のくぎの場合、通常の検針機ではすべて引っかかるため、X線の検針機を使います。万が一のことがあれば、針やくぎで使用者が着用時にケガをしてしまうので、検針はとても重要な工程です。

検針に合格したものにはプレス（アイロンがけ）、値札付け、包装、アソート（詰め合わせ）などを行ってから出荷します。

こうした一連の加工が流通加工です。工場あるいは店舗よりも、物流センターなどの流通過程においてその業務に慣れた作業員が一括で大量に処理したほうが効率的なため、流通加工が行われています。物流会社からすると、単に保管や輸送をするだけでなく流通加工業務を受託することで、自社のノウハウや業務受託収入が増えるというメリットがあります。

スーパーに並んでいる精肉や鮮魚のパック詰めは、店頭の調理場やバックヤードではなく流通センターで加工していることもあります。これは「プレパック」という流通加工です。また、清涼飲料水のペットボトルにおまけのキーホルダーを付けたりすることなども流通加工です。パソコンへのソフトウェアのインストール、マニュアル等

流通加工業務イメージ

のセッティングなどを行っている場合もあります。

最近の流通加工の業務範囲は大きな広がりを見せています。例えば、大規模な製造設備を必要としないパソコンやデジタルカメラの組み立てなどを物流会社が流通加工として受託することがあります。ここまでくると流通加工ではなく、生産そのものだと思うのですが、物流会社が流通過程上の加工業務として受託しているため、流通加工に分類されます。

前述したアパレル製品の流通加工を実施しているのは、日本の物流センターだけではありません。中国で生産される日本向けのアパレル製品は、コストが安く時間も早いということで中国で流通加工されるケースが増えています。これは不良品の輸送を防ぐということにもつながります。

28 ITによる物流管理

企業間の取引情報から保管・配送業務まで

物流情報システムとは、受注から出荷、輸配送、在庫管理、納品確認などの物流業務を実施するうえで必要な情報システムのことです。物流情報システムは「企業内」と「企業間」の二つに大別されます。

「企業内」の物流情報システムは、例えば営業部が顧客からの受注情報を物流部へ出荷指示という情報にして部門間でやりとりしたり、物流センター内での作業指示や輸配送管理を行うための情報システムです。倉庫内業務を管理する倉庫管理システム（Warehouse Management System＝WMS）や輸配送の業務支援を行う輸配送管理システム（Transportation Management System＝TMS）などがあります。

WMSは、倉庫内での入荷、入庫（格納）、出荷、検品、返品といった作業指示、在庫の数量や置き場所（ロケーション）などの管理やマテハン機器の制御に活用されています。TMSは、配送計画の策定や各車両の運行管理などを行う情報システムです。WMSやTMSには自社で開発するオリジナルのものと、物流系の情報システム会社が開発したパッケージソフトウェアなどがあります。導入に数千万～数億円必要という高額なものから、ウェブを通じて月額数万円で利用できるものまで、その機能や金額はさまざまなので、自社の業務形態に合わせて選ぶことになります。

もう一方の「企業間」の物流情報システムとは、購買側の企業から販売側企業への発注情報、荷主から物流会社への出荷指示など、企業間で情報をやり取りするための情報システムです。電子情報を企業間でやり取りすることをEDI（Electronic Data Interchange、電子データ交換）と言います。以前は「VAN（Value Added Network、バン）」と呼ばれる専用回線で企業間がオンラインで結ばれていましたが、近年は情報通信技術（ICT）の進歩により、ウェブの活用が進んでいます。

EDIが登場する以前は情報の伝達に電話やFAXが使われていたので、情報を受け取った側が再入力をする手間と時間が必要で、しかも入力ミスが発生するリスクがありました。物流業務を遂行するのに必要なさまざまな情

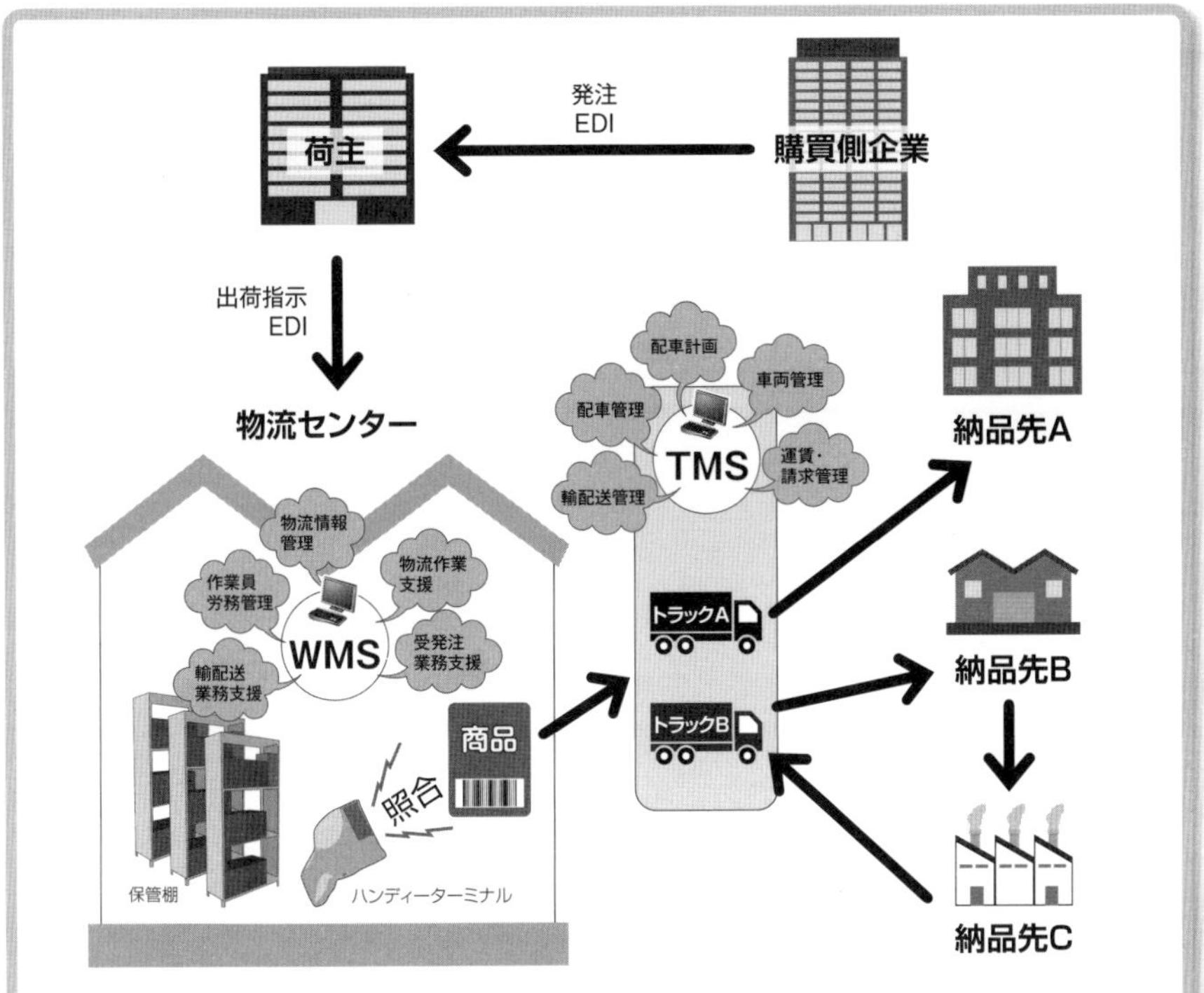

企業内・企業間の物流情報システム

報やデータも紙ベースで管理されており、現場でもアナログ的に業務が行われていました。しかし、最近は電子データを活用することが増えています。

　例えば、以前は出荷をするのに「ピッキングリスト」という紙に出力したリストをもとに集品（ピッキング）していました。とてもわかりやすい方法ではありますが、リストを出力する時間と手間、作業後に使用済みのリストを保管したり整理したりする手間やスペースが必要です。それが今ではハンディーターミナルという小型の携帯端末を活用している物流現場が増えています。端末の画面には出荷指示が表示され、作業者はこの指示に基づいて作業を行います。端末についているバーコード等のスキャナーで集品した品物が間違いないか、品物に貼付されているバーコード等をスキャンすることで検品も同時に行うことができます。

　物流情報システムが時代とともに進化し便利になったことで、在庫管理や庫内作業の精度は飛躍的に高まりました。ＷＭＳは物流ソリューションの中核とも言えるのです。

第4章

ロジスティクス・マネジメント

29 現場視点の物流改善

無駄を省くための六つの「ない」

物流現場では入出荷量といった取扱数量、出荷先、取扱品目、作業内容などが日々変化しています。その上、パート社員やアルバイト、派遣社員など短時間・短期間の非正規雇用の労働力が主な戦力です。このような状況下で物流の品質向上やコスト削減を実現するには、物流改善に取り組むことが非常に重要です。

物流改善には現場とマネジメントの二つの視点があります。本項では現場視点の物流改善について説明します。

物流現場を改善するには、無駄を省いていくことが大切です。具体的には、**①待たせない　②持たせない　③歩かせない　④探させない　⑤考えさせない　⑥書かせない**——の六つの「ない」です。

①待たせないとは、前工程が遅れることにより作業者が「待つ」という状態をなくすことです。例えば、ピッキングが遅れているから検品担当がやることがないという何もしていない状態を「手待ち（てまち）」と言います。手待ち時間にも時給は発生しているので、待たせないように作業方法や人員配置を検討します。

②持たせないとは、荷物を持って歩く距離を少なくさせる、荷物の揚げ降ろしを少なくさせるということです。台車やコンベアのような運搬機器を活用する、出荷頻度の高いものは取りやすい高さや出荷場に近いところに保管するといったことにより、持たせないように工夫します。

③歩かせないとは、作業者が歩行する距離を可能な限り短くすることです。物流センター内のレイアウトが悪かったり、ロケーションが不適切だと歩行距離が長くなります。歩いていること自体に付加価値はないので、歩数を短くすることによって作業の生産性が高まるとともに、作業者の疲労も軽減されます。

④探させないとは、ピッキング時に商品が見当たらないから探す、備品がないため探すといった無駄を省くことです。探しているだけという時間は本当に無駄です。探さなくても良いように、ロケーションの表示をわかりやすくする、備品や書類等は決まった場所に置く（定位置化）などをします。

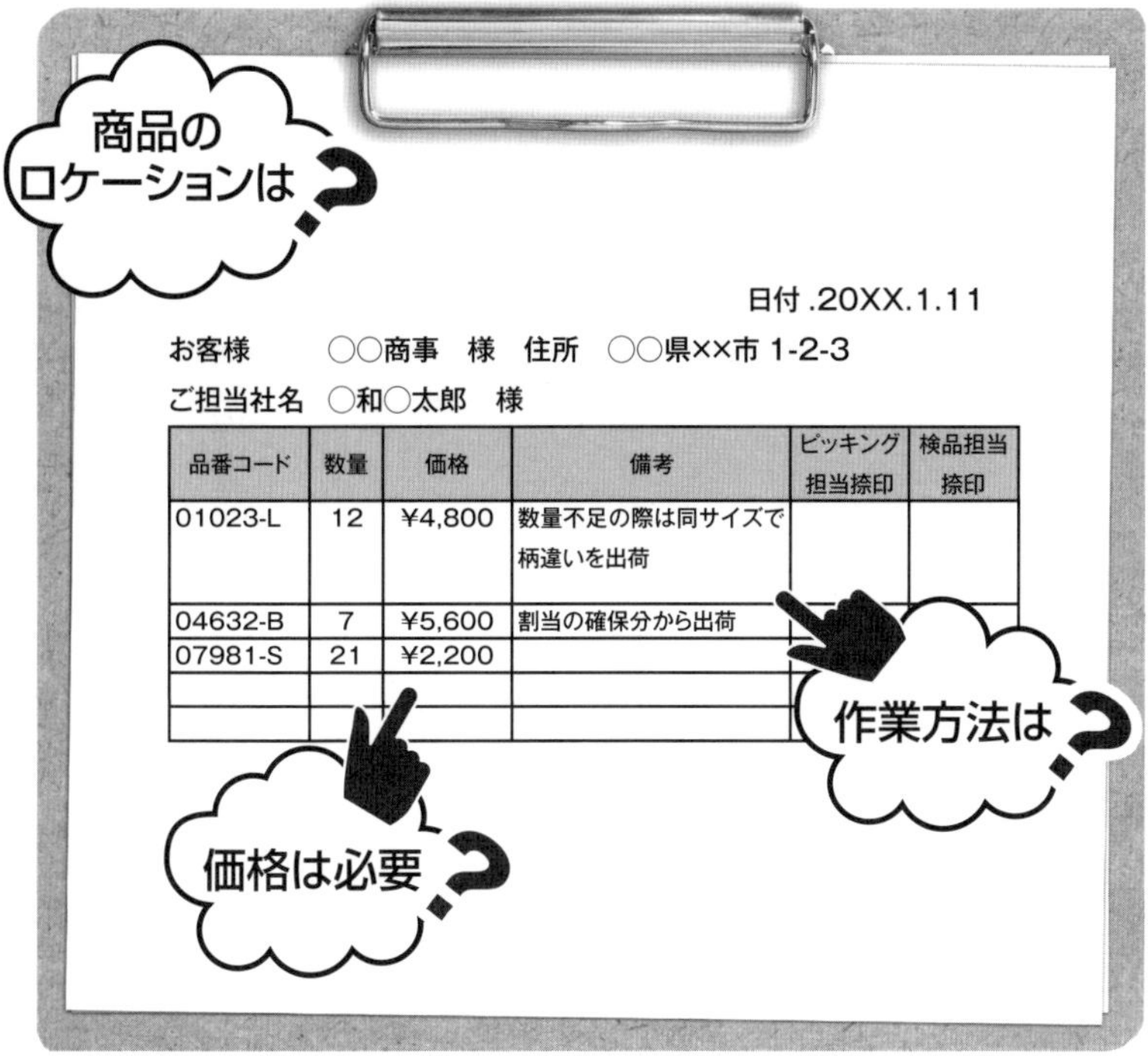

日付 .20XX.1.11

お客様　○○商事　様　住所　○○県××市 1-2-3

ご担当社名　○和○太郎　様

品番コード	数量	価格	備考	ピッキング担当捺印	検品担当捺印
01023-L	12	¥4,800	数量不足の際は同サイズで柄違いを出荷		
04632-B	7	¥5,600	割当の確保分から出荷		
07981-S	21	¥2,200			

「あるある」ばかりのピッキングリスト例

⑤**考えさせない**とは、指示書やマニュアル通りにやれば業務が遂行できる状態のことを言います。逆にいえば、上司や責任者に聞かないとわからない、「これはどういう意味かな?」と考えないとわからないような指示やマニュアルではダメだということです。考える時間が無駄で、誤った判断をする危険性もあります。

⑥**書かせない**とは、作業者に作業中に「書く」ことを極力させないということです。書く時間が無駄で、記入ミスや記入漏れの危険性もあります。

このように物流現場では、六つの「ない」を実践することで改善を図ることができます。上図は、六つの「ない」の正反対の「あるある」ばかりのピッキングリストです。こんな作業指示を出されたら何をどのようにしてよいのかわかりません。

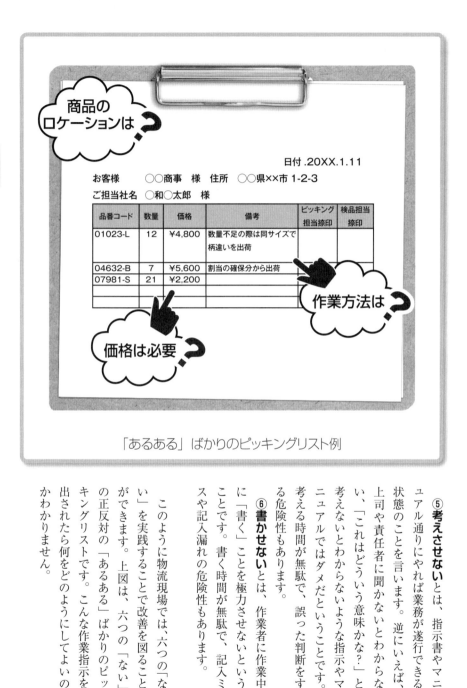

30 マネジメント視点の物流改善

輸配送網、在庫政策、物流コストを分析

現場視点の改善は現場の責任者や監督者、あるいは各作業者の仕事です。これに対して、マネジメント視点の改善は本社スタッフの仕事と言えます。現場がいくら頑張っても、そもそもの物流の方針や設計が良くなければ、現場改善の成果も出ません。本項ではマネジメント視点の物流改善について説明します。

まず初めに「輸配送ネットワーク」を構成する物流センターの立地と輸配送網を検討します。調達先と納品先の所在地や利便性、経済性から物流センターの立地を決め、納品条件や物量などから輸配送の手段を選定します。この輸配送ネットワークの設計は、今後発生する物流コストと物流サービスの大半が決まってしまうため非常に重要です。

例えば、土地が安いからといって消費地や納品先から離れたへんぴな場所に物流センターを建てた場合、土地取得や建設コストは節約できたとしても、日々の輸配送の距離が伸びてしまいます。このため、輸配送コストが増加するとともに、納品リードタイム（受注してから納品までの時間）が長くなるといったことが起こります。この場合、現場改善で努力したとしても、そもそもの立地が不適切だったためにコスト削減やサービスレベル向上の余地は小さくなります。

新たに物流センターを設置する場合だけではありません。既存の物流センターの立地について改善の余地はないのか検討することも大切です。取引先や納品条件は変化するため、10年前に設計した輸配送ネットワークでは対応できていない可能性があります。輸配送ネットワークは、「現状がベストか⁉」と常に疑問を持ちながら、中期的な視点で改善や見直しをすることが必要です。

次は「在庫の適正化」、すなわち在庫政策です。無駄な在庫保有が省けるため、保管費用の削減や作業効率の向上、廃棄処理の削減など物流改善にもつながります（第4項「ロジスティクスの役割」参照）。

そして、「物流コスト分析」もマネジメント視点の物流改善に役立ちます。単に月額の物流コストの総額、単価や

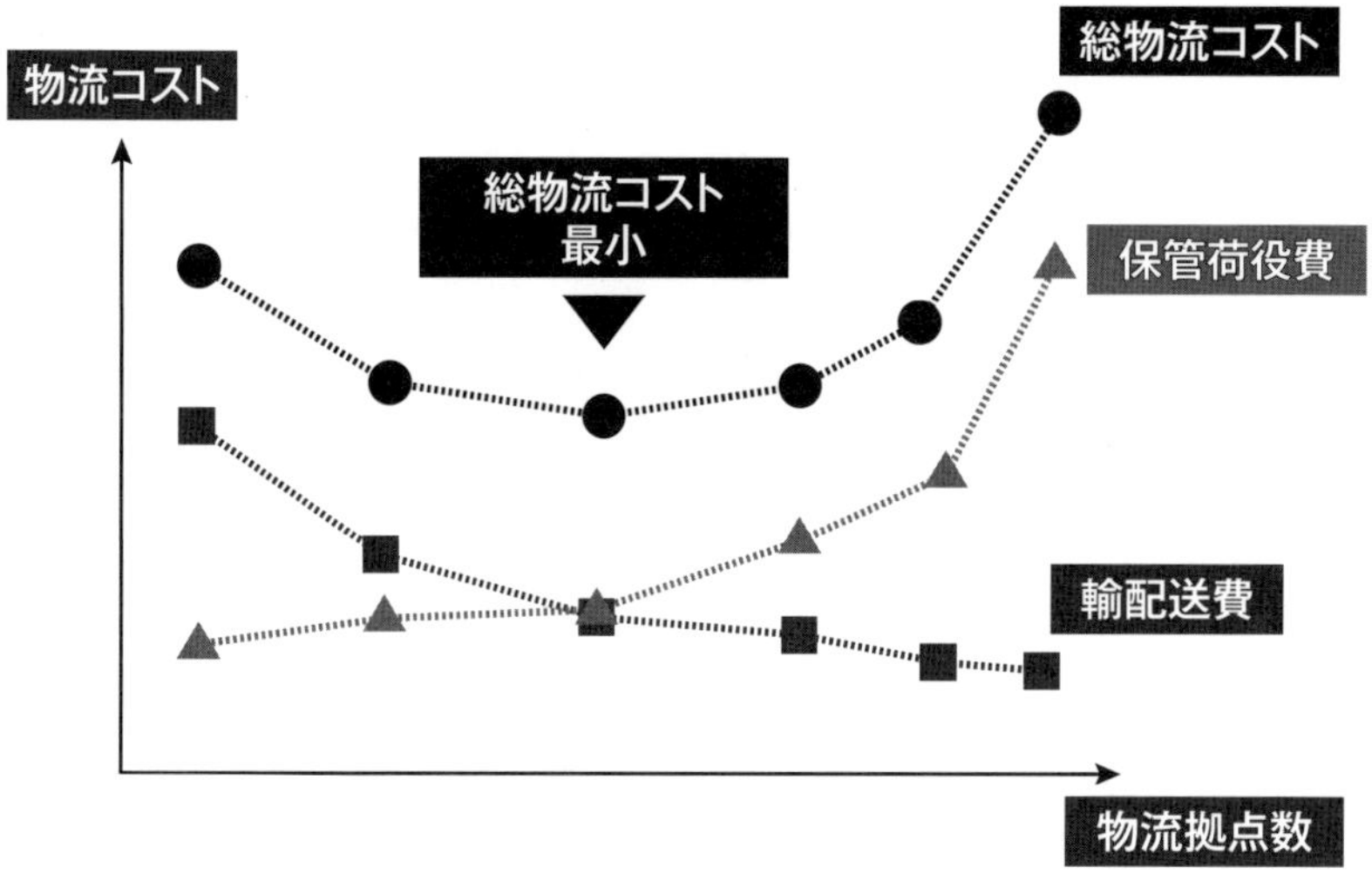

物流拠点数と物流コストの関係（イメージ）

処理量などを月次で確認するだけでも、物流コスト増加の要因、時系列の変化などの原因を探すことで物流の課題がわかります。顧客別、商品別、取引単位別などに物流コストを管理することにより、物流の過剰サービスを防止することも可能です。

例えば、多頻度小口納品を求める顧客に対して、その要求に応えるために発生している物流コストを把握し、販売金額から原価（仕入原価や製造原価）と物流コストを引いたら赤字だったなんてこともあります。物流コストは増減の原因を分析すると、さまざまな物流の課題が発見できる便利な管理指標です。

抜本的な物流改革もマネジメント視点ならではだと思います。そもそもその業務やサービスが必要なのかを再検証し、必要性が低い、あるいは顧客満足に関係していないときは思い切ってやめてしまうのも効果的です。筆者はさまざまな物流現場を見てきましたが、多くの企業では過剰な物流サービスを提供していることが多いように感じます。

31 ロジスティクスKPIとは

階層ごとに指標を設定、業務プロセスを管理

ＫＰＩ（Key Performance Indicator）とは、「重要業績評価指標」のことです。企業経営のために必要となる重要な業績評価の指標で、例えば経営トップにとっては全体の売上高や利益、従業員一人あたりの売上高などです。

ロジスティクスのＫＰＩには、売上高物流コスト比率（売上高に占める物流コストの比率）、欠品率（注文に対して品切れで注文に応じられない率）、誤出荷率（注文と異なる商品や数量を納品する率）といった重要な評価指標があります。そしてロジスティクスＫＰＩは、社長や部長、担当者といった職位や立場、また営業部門、物流部門など所属部署によって項目が変わってきます。

例えば、社長にとって重要なロジスティクスＫＰＩは、ＲＯＡ（総資産利益率）です。ＲＯＡは、総資産回転率×売上高利益率で表します。在庫を適正化し在庫回転率を高める、あるいは物流コストを削減し売上高利益率を高めるとＲＯＡは上昇します。社長にとってはロジスティクスの効率化が、ＲＯＡを向上させる重要なプロセスになります。

事業部長、ロジスティクス部長にとってのロジスティクスＫＰＩは、売上高物流コスト比率、欠品率、在庫回転率、納品リードタイムなどです。欠品率、納品リードタイムは、ライバル企業とのサービスレベルの競争に関係し、売上高物流コスト比率、在庫回転率などは社内の経営効率や利益率に関係します。

物流部長や物流センター長にとっては、月間の総物流コスト、物流コストに占める機能別比率（輸送費、保管費、荷役費など）、誤出荷率、クレームや事故の件数などが管理すべき指標として挙げられます。さらに物流部門には輸配送担当、保管担当、庫内作業担当などの役割分担があり、それぞれの責任者にもロジスティクスＫＰＩがあります。輸送担当者であれば積載率や実車率、燃費、保管担当者であれば保管効率、作業担当者であればピッキングの生産性やオーダー1件あたりの処理時間などです。

忘れてはならないのが、ロジスティクスＫＰＩは効率性だけを管理するも

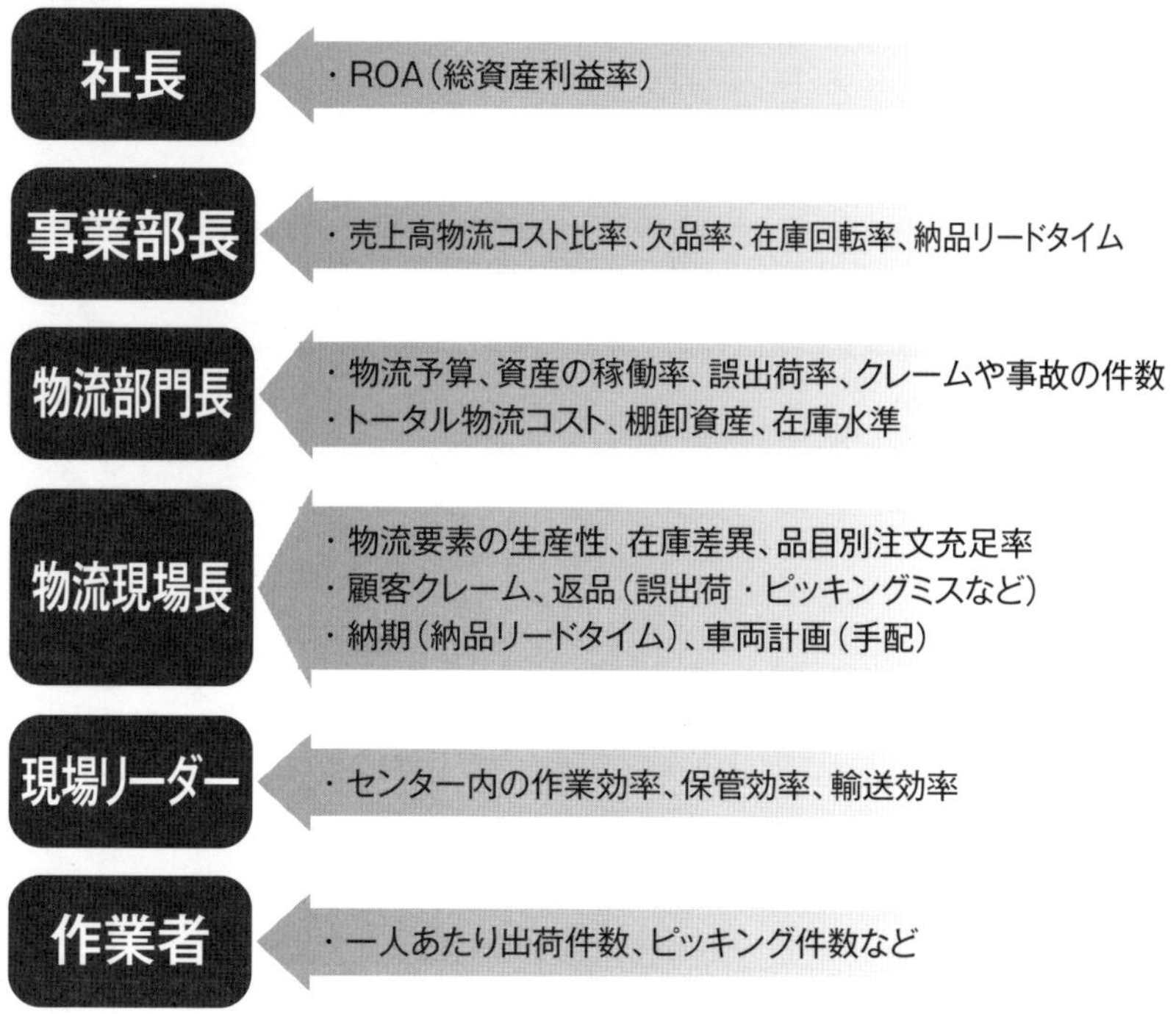

社長	・ROA（総資産利益率）
事業部長	・売上高物流コスト比率、欠品率、在庫回転率、納品リードタイム
物流部門長	・物流予算、資産の稼働率、誤出荷率、クレームや事故の件数 ・トータル物流コスト、棚卸資産、在庫水準
物流現場長	・物流要素の生産性、在庫差異、品目別注文充足率 ・顧客クレーム、返品（誤出荷・ピッキングミスなど） ・納期（納品リードタイム）、車両計画（手配）
現場リーダー	・センター内の作業効率、保管効率、輸送効率
作業者	・一人あたり出荷件数、ピッキング件数など

階層によって異なるロジスティクスKPI

のではないということです。納期順守率、誤出荷率、在庫差異、クレームなど物流品質や物流サービスに関するものもあり、サービスレベルと効率の二つの視点が重要です。

　ひとくちにロジスティクスKPIといっても、社長、部長、現場担当者などの職位や階層によって項目が違うことが分かっていただけたかと思います。これらのロジスティクスKPIは、結果だけを見て一喜一憂するものではなく、なぜ目標が達成できなかったのか、目標を達成するためには何をどのように改善するべきかというように、業務プロセスを管理する上で重要な指標です。ロジスティクスKPIを活用することで、日々の業務改善や現場スタッフのモチベーション向上が図れます。そうして目標を達成することによって、経営力や競争力が強化されるのです。

32 ロジスティクス部長の仕事

企業活動を知りつくす経営幹部

　ロジスティクス部長にとって、自分の責任の範囲のロジスティクスKPIを達成することは重要な仕事です。前項で触れたように、ロジスティクス部長のKPIには売上高物流コスト比率、欠品率、在庫回転率、納品リードタイムなどがあります。

　売上高物流コスト比率とは、文字通り売上高に占める物流コストの比率です。物流コストは売上増、製造・仕入原価の低減に続く「第三の利潤源」と言われるように、物流コストを削減することにより利益は増加します。あるいは、価格競争が厳しい環境下では物流コスト削減分が値引きの原資になるという考えもできます。

　欠品率の改善は、顧客サービスの向上につながります。顧客の視点から見ると、いつも欠品しているようなサプライヤーとの取引はリスクになるので欠品しないことが取引継続の前提になります。爆発的に人気が出るなど特殊な事情がない限り、欠品は避けたいものです。

　納品リードタイムも顧客サービスを構成する重要な要素です。通常のビジネスでは、昼12時や14時などで受注を締め切った後、ピッキングや梱包作業を行い、当日の業務終了時に出荷、翌日の午前中に納品するというスケジュールとなります。受注の締切時間を延長（例えば15時や16時など）すれば発注側の利便性が高まり、サービスレベルの向上、あるいはライバル企業との差別化になります。

　筆者が考えているロジスティクス部長の一番大切な仕事は、「在庫政策」です（第４項「ロジスティクスの役割」参照）。在庫政策で過剰在庫と欠品を削減し、在庫を適正化することにより、トータルコストの削減と販売機会損失の防止が実現します。その結果、在庫回転率も上昇します。

　前項で説明したように、ROA（総資産利益率）は、総資産回転率×売上高利益率で表します。ロジスティクス部長が売上高物流コスト比率を低減することで、売上高利益率は向上します。また、欠品率の低減、納品リードタイムの短縮によって顧客サービルレベルが向上すれば、売上アップが見込まれます。売上上昇による販売量増加によ

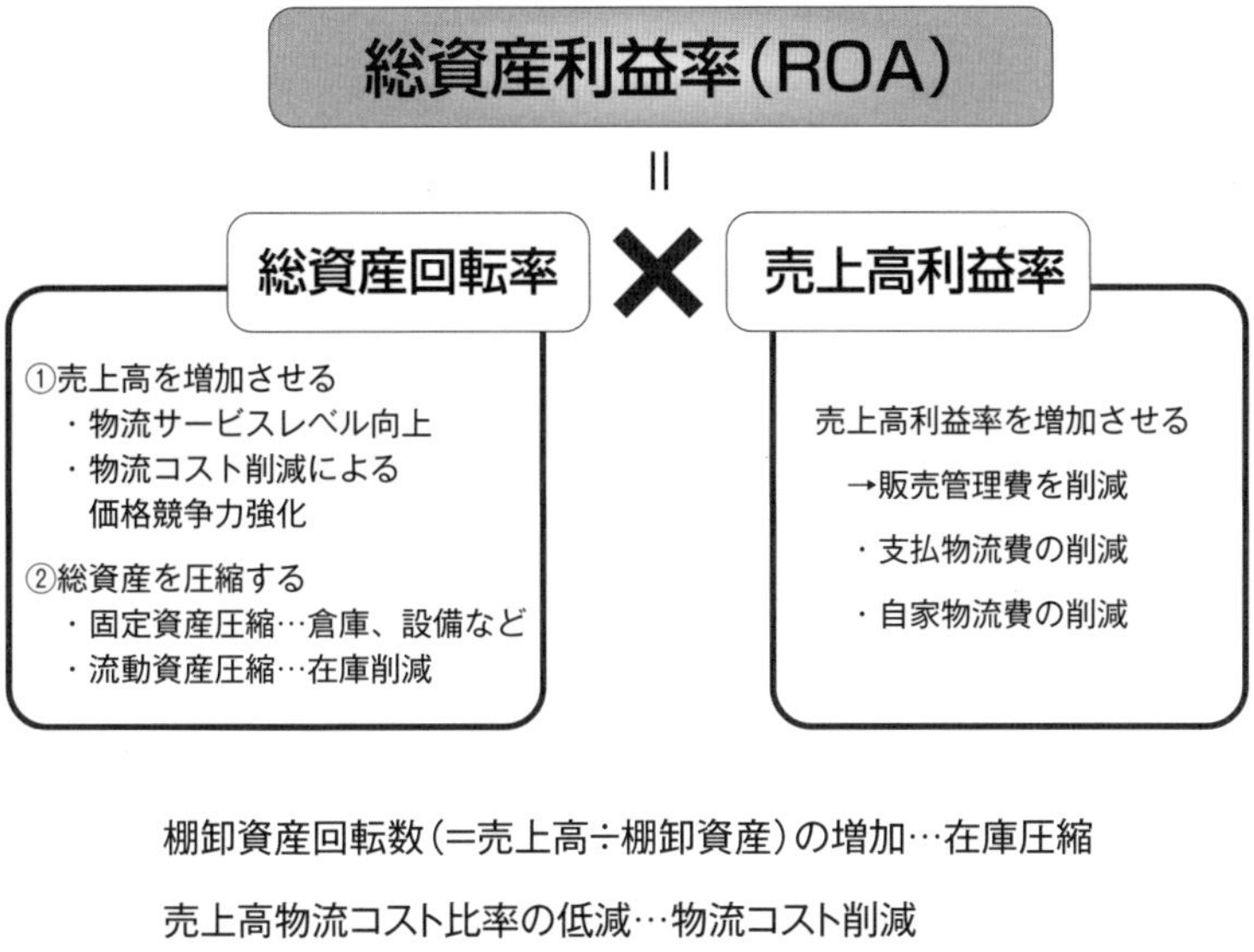

経営に直結するロジスティクス部長の KPI

り、在庫回転率も向上します。

このように、ロジスティクス部長が自らのロジスティクスKPIを高めることで、会社のROAを高めることができるのです。欧米の企業ではロジスティクスの責任者はCLO（Chief Logistics Officer、最高ロジスティクス責任者）と呼ばれ、CEO（最高経営責任者）、CFO（最高財務責任者）に次ぐ、経営の根幹を担う幹部です。

世界最大の小売業であるアメリカのウォルマートの前会長は、もともとはウォルマートが運送を委託していた物流会社の社長で、ウォルマートのロジスティクス部門の責任者を経て会長に就任という、とても興味深い経歴の持ち主です。小売業なので、販売や商品企画の責任者がトップになるかと思いきや、在庫の適正化とローコストオペレーションを担うロジスティクスの責任者の方が企業活動を知りつくしているということなのでしょう。日本企業でもCLOが数多く誕生してほしいものです。

33 ＳＣＭ部長の仕事

社内外をまとめて、仕入れ・生産・販売を最適化

サプライチェーン・マネジメント（ＳＣＭ）とは、第8項「ＳＣＭとは何か」で述べたように商品の供給に関係するすべての企業の連鎖のことです。よってＳＣＭ部長は自社だけでなく、仕入先や販売先にも目を向けなければなりません。

通常、例えばメーカーでは営業や販売の部門が立てた販売計画や需要予測に基づき、製造部門が生産計画を立て、その生産計画に基づき、調達・仕入部門が原材料や部品、資材等の調達計画を立てます。多くの場合、営業・販売部門は需要予測ではなく、販売の努力目標の数値を出してしまいます。製造部門は製造コストを低減するために、また調達・仕入部門は仕入単価を低減するために、仕入れの単位を大きくしがちです。その結果、実需とはかけ離れた過剰在庫が発生するというお決まりのパターンに陥ってしまいます。

こうしたことを防ぐために、ＳＣＭ部長がこれらの業務の責任者になり、供給責任を担うのです。そのためには需要予測、商品・製品ごとの適正在庫量の決定、生産・調達の指示の権限が必要です。

具体的には受注センターを統括し、日々の受注の状況を確認するとともに、過去の販売実績と実需に基づいた需要予測を立てます。この需要予測と生産や調達のリードタイムにより、製品ごとに適正な在庫量を算出して発注点と発注単位（生産指示のタイミングと生産の単位を含む）を計算します。製品が売れて在庫が減少し発注点に達すると、発注や生産の指示を行います。

在庫のことだけではありません。納品を終えたトラックを単に空車のまま戻すのではなく、帰り便を資材や原材料などの調達物流に活用するといったことにより、無理なくコスト削減を実現します。物流部は出荷担当、購買部は調達担当というふうに役割が分担されていると、このような取り組みは難しかったのですが、ＳＣＭ部門であれば販売物流も調達物流も担当しているため可能です。

生産、販売、調達、物流といった社内の主活動、仕入先や販売先といった取引先との調整など、ＳＣＭ部門の仕事は多岐にわたります。この部門の責

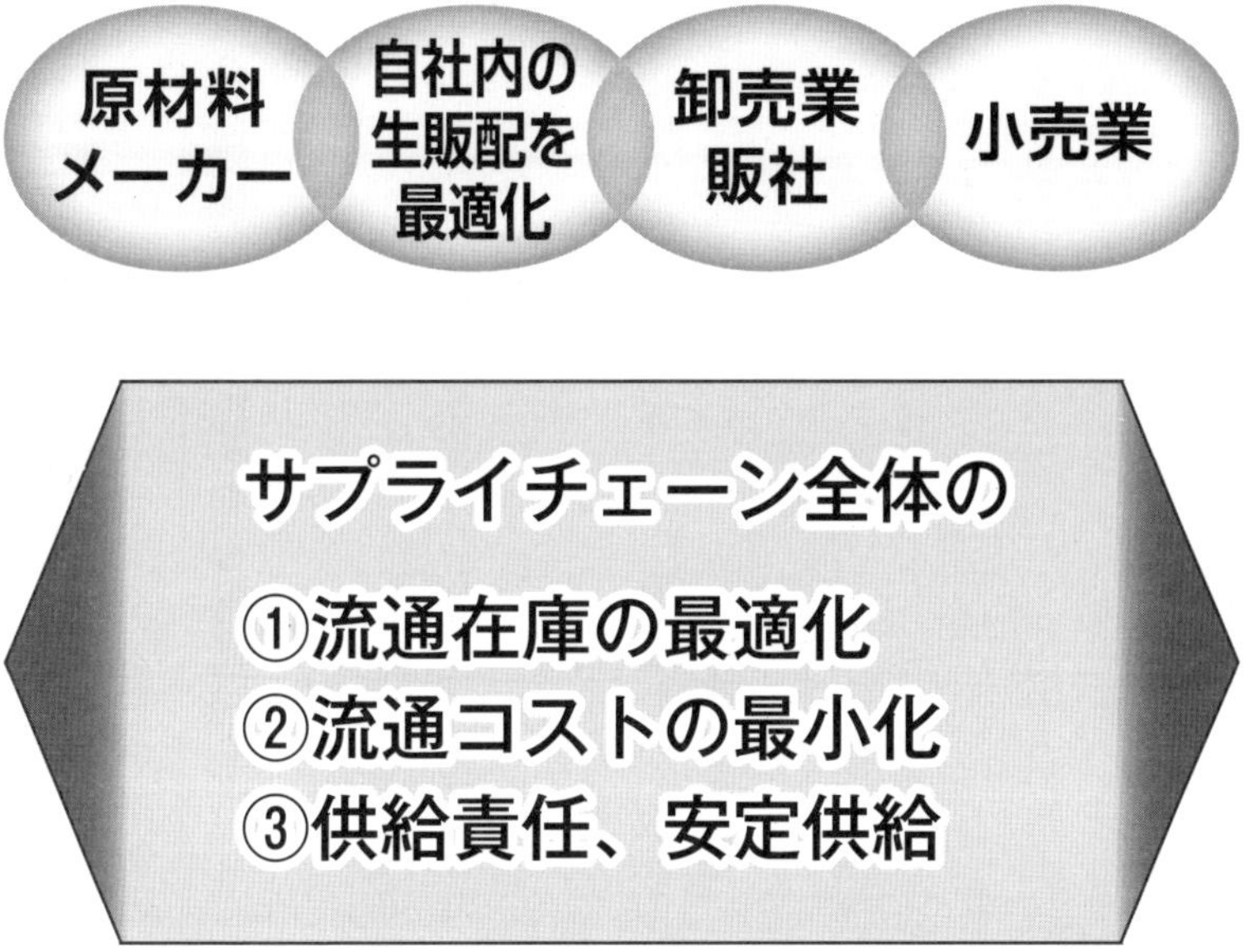

供給連鎖のイメージとSCM部長の仕事

任者であるＳＣＭ部長は、製造業、卸売業、小売業にとっては大変重要な役割と言えます。

　そのためか、筆者が懇意にしている大手加工食品メーカーのＳＣＭ本部長の経歴は多岐にわたっています。製造部門出身で工場長の経験もあり、ＳＣＭ本部長の前は生産計画の権限を持つ製造部長、その前は原材料、資材の調達責任者でした。ＳＣＭ本部長就任と同時に生産計画の権限、在庫責任がＳＣＭ本部へ移管されました。ルーティンワークは部下へ権限を移譲し、自身は全国の工場や営業所、仕入先や取引先を行脚し、ＳＣＭの取り組みについて啓発活動を行っています。

　ＳＣＭ部長の業務内容は全社的、かつ企業間と広範囲に及ぶため、さまざまな部署での経験が必要です。たとえ不本意な人事異動があっても不満に思わず、さまざまな部署を経験し、全社的視点を身に付けていきましょう。

34 輸配送のコンプライアンス

交通安全、環境、衛生に関わる各種法令

物流の仕事を遂行する上で、法令順守はとても大切です。本項および次項では物流に関する法令について説明します。

貨物を輸送する際、自社が所有する貨物を自ら運ぶ場合を自家輸送といいます。この場合は、通常のナンバープレートのトラックで問題ありません。一方、運送会社や物流会社が、運賃を収受して貨物を運ぶ場合を営業輸送と言います。営業輸送を行う場合は、貨物自動車運送事業法に基づいて許可を受けることと、いわゆる緑ナンバーのナンバープレートがついた車両が必要です。

自動車の運転免許は、普通免許、準中型免許、中型免許、大型免許に大別されます。普通免許では車両総重量3・5トン未満、最大積載量2トン未満の貨物車が運転できます。準中型免許では車両総重量7・5トン未満、最大積載量4・5トン未満、中型免許では車両総重量11トン未満、最大積載量6・5トン未満、大型免許では車両総重量11トン以上、最大積載量6・5トン以上のものが運転できます。

普通免許と準中型免許は18歳以上、中型免許は20歳以上で普通免許を取得して2年以上、大型免許は21歳以上で中型か普通免許を取得して3年以上であれば取得可能です。トレーラーの運転では、これらに加えて「けん引」の免許が必要です。

なお、中型免許の制度は2007年6月に施行されました。それ以前に普通免許を取得した人は、車両総重量8トン未満、最大積載量5トン未満まで運転可能です。新制度以降に普通免許を取得した人は、従来の通称4トン車は運転できなくなりました。そこで、若年層のドライバー不足を考慮し、2017年3月より18歳の初任者でも総重量7・5トン未満の車両を運転できる新区分がスタートしました。

交通安全や道路を守る視点からは、道路交通法や道路法に基づく車両制限令などが適用されます。トラックによる交通事故は重大事故につながることが多いため、近年、特に取り締まりが厳しくなっています。飲酒運転や危険運転などはもってのほかです。また、法律で制限される重量を超えた荷物を

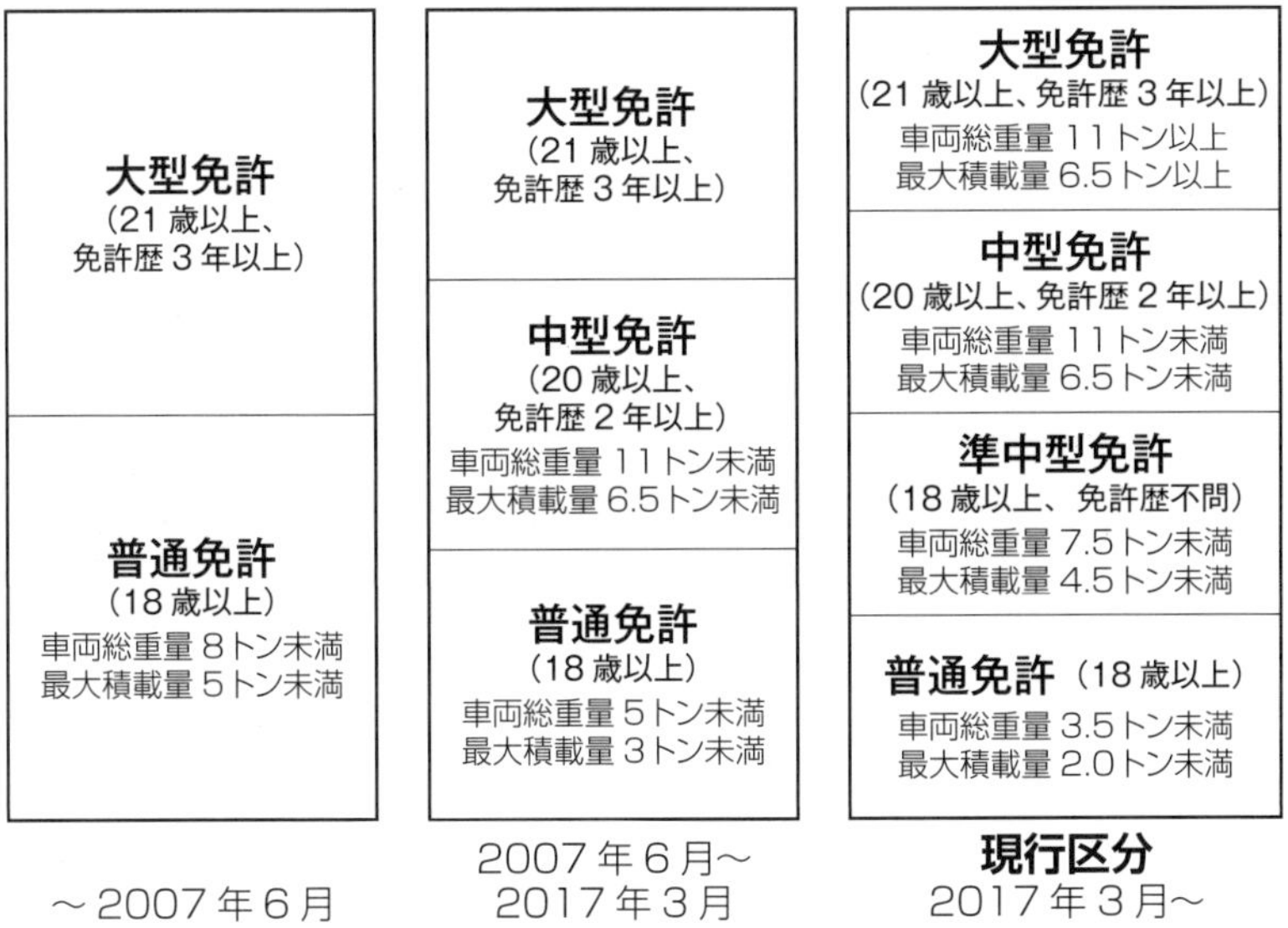

自動車運転免許の種類と区分（2019年12月時点）

積んで走行する「過積載」は、道路を傷めるとともにブレーキの制動距離が長くなるなど、安全面からも良くありません。

環境に関する法令では、自動車排出ガス規制があります。環境に対する意識の高まりから年を追うごとに厳しくなっています。駐車違反の罰則も強化されています。長時間の路上駐車による交通渋滞や、駐車車両により見通しが悪くなり発生する交通事故を防止するためです。

その他、輸送する貨物によって関連する法令があります。可燃性や引火性の固体や液体などの危険物、あるいは高圧ガスを輸送する際は、危険物取扱者や高圧ガス移動監視者の資格保有者の下、法令に従い車両にその旨を標記しなければなりません。

廃棄物輸送には別途法令が関係します。廃棄物は家庭などから排出される一般廃棄物と、事業活動に伴って生じた産業廃棄物があります。一般廃棄物の輸送は市町村あるいは市町村が委託している業者が行います。産業廃棄物を輸送する際は、各都道府県単位で廃棄物の収集・運搬の免許を取得しなければなりません。

輸送の仕事は公道を使用するものです。市民に危険や健康被害が起こらないよう、安全、環境、衛生などの視点から厳しく取り締まりが行われています。

35 倉庫のコンプライアンス

労務管理から個人情報保護、廃棄物処理まで

倉庫業を営むためには、まず倉庫業法に基づく登録が必要です（荷主企業の自社倉庫の場合は不要）。倉庫の建物には建築基準法、消防法などが関係し、防火壁や消火栓、消火器具の設置は、建設費だけでなく倉庫内のレイアウトや作業性に大きく影響します。

また倉庫内で作業をする上では、免許や資格も要求されます。フォークリフトによる荷役作業に従事する際はそのための資格が必要で、高さ2メートルを超える積み付け、荷降ろしの作業を行う際は「はい作業主任者」の技能講習を受講しなければなりません。

取り扱う商品や製品によっても関連する法令があります。消防法が定める危険物を保管する場合は、危険物倉庫の許可を受けなければなりません。その他、工業用や燃料等の圧縮ガスや液化ガスなどの高圧ガスを取り扱う場合は「高圧ガス保安法」などの関係法令を満たしている倉庫でなければなりません。医薬品における毒物や劇物の場合も薬事法に基づいた保管や管理が必要です。

モノだけでなく、人に関する法令も順守しなければなりません。物流現場には正社員、パート社員やアルバイト、派遣社員や請負会社の社員、協力会社のスタッフなど、さまざまな人々がさまざまな雇用形態で働いています。彼らの安全、健康、経済的自立を守るために多くの法令が関係しています。

労働基準法には労働者の最低限の労働条件、例えば賃金、就業時間、休憩など、労働者の権利と会社の義務が定められています。倉庫内はフォークリフトが走行するなど事務所内と比較すると危険度が高まるので、長時間労働や最低賃金以下での就労がないよう、労働者の健康や安全などを守らなければなりません。古い建物の場合はアスベストなどの有害建材が使用されていないか、また夏場は熱中症や食中毒の防止に努めるなど、現場のスタッフの健康管理にも注意が必要です。

雇用に関する法令のうち、近年、クローズアップされているのが派遣や業務請負に関するものです。派遣会社から別の派遣会社を経由して派遣先に派遣されることを二重派遣（あるいは多層構造の場合は多重派遣）と言います。

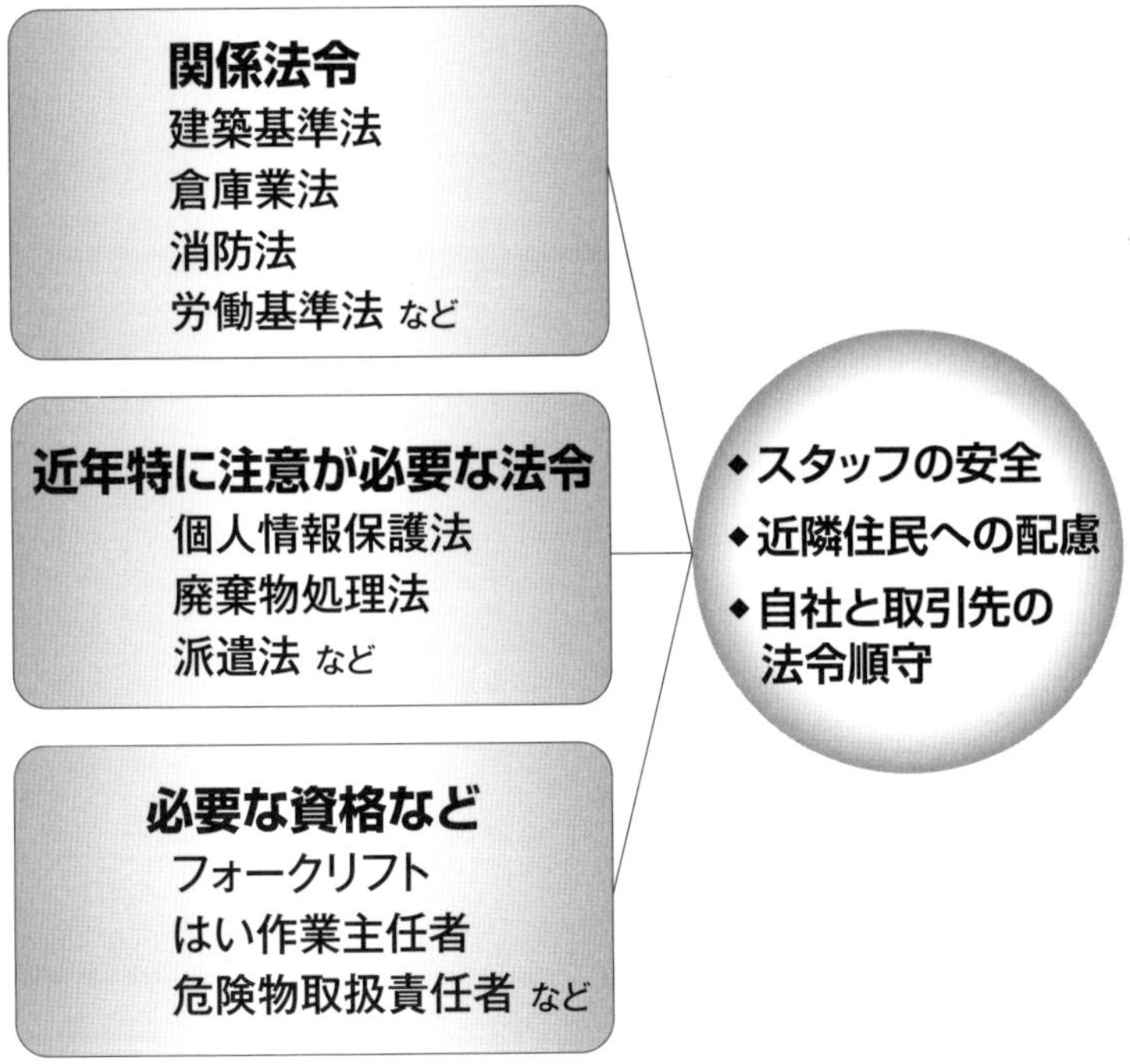

倉庫業務に関わる法令・資格、求められる意識

多段階に派遣会社が介入することにより中間搾取が行われ、派遣社員の収入が減るなどの不利益がないよう法律で禁止されています。

そのほかにも個人情報保護法の観点から、通信販売などで一般消費者に販売・出荷業務を行っている倉庫では情報漏えいを起こさないような管理体制が必要です。また、倉庫内での商品等への異物混入、賞味期限・消費期限の改ざん、産地偽装など、悪質な不正や犯罪を防ぐための管理が求められます。

廃棄物を適正に処理することも倉庫での重要なコンプライアンスです。不要になった梱包資材や書類、破損した商品、得意先から返品された不要物や廃品などさまざまな廃棄物を法令に従って処分しなければなりません。

法律で定められてはいませんが、夜間作業時の騒音、倉庫周辺道路における納品車両による交通渋滞や排気ガスなど、近隣住民に迷惑をかけない配慮も必要です。

第5章

これからのロジスティクス

36 ３ＰＬは期待の星

荷主の立場で物流改革を実行する

景気の停滞や人口減少で縮小傾向の続く国内物流市場において、数少ない成長分野が「サード・パーティー・ロジスティクス（３ＰＬ）」と呼ばれる分野です。日本工業規格（ＪＩＳ）では３ＰＬを「荷主企業でも物流事業者でもない第三者が荷主のロジスティクスを代行するサービス。（中略）物流事業者が荷主企業のアウトソーシングニーズに広範に対応して一括受注するケースも含まれる」（ＪＩＳ Ｚ ０１１１－１００３）と定義しています。

政府が２０１３年に閣議決定した第５次総合物流施策大綱では「荷主に代わって、最も効率的な物流戦略の企画立案や物流システムの構築について包括的に受託し、実行すること」と説明されており、また日本ロジスティクスシステム協会では「荷主企業に対して、その立場に立ってロジスティクスサービスを戦略的に提供する事業者を活用すること」としています。

これらの定義や説明の共通項は、物流事業者が①**荷主の立場に立って物流を改革する**　②**包括的に物流業務を受託する**――の２点です。これらを実施している物流会社を３ＰＬ企業といいます。

この３ＰＬ企業と従来の物流事業者（運送会社、倉庫会社など）との違いはどこにあるのでしょうか。これまで荷主企業が物流事業者に物流業務を委託する際、輸配送は○○運送、倉庫は△△倉庫というように、機能別に委託をするケースがほとんどでした。よって、物流事業者は荷主の物流部門の指示に従って業務を実行するだけで、物流事業者の管理や物流企画などは荷主の物流部門が行っていました。しかし、３ＰＬではそうした企画・管理も含めた物流業務を３ＰＬ企業に包括的に委託します。これは荷主、３ＰＬ企業の双方にとってその方がメリットがあるからです。

荷主企業にとってのメリットは、運用面では委託先企業の管理が楽になる、物流のプロである物流事業者から改善提案を受けられる――などが挙げられます。経営の視点では、経営資源であるヒト・モノ・カネを、物流ではなく自社のコア・ビジネスに投入し、競争力を高められるというメリットも

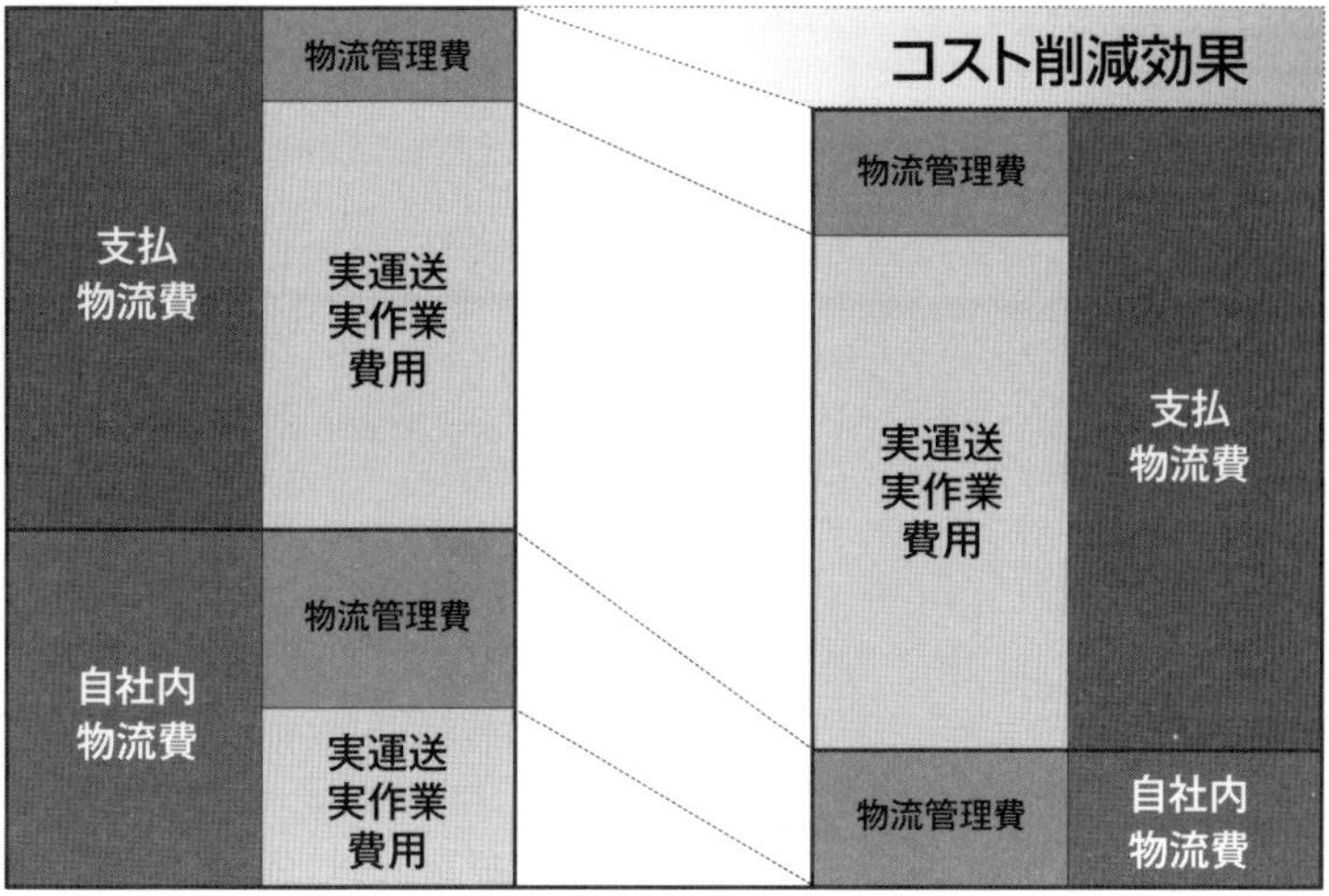

3PL 活用に伴うコスト削減のイメージ

「3PL 人材育成研修」（国土交通省 3PL 人材育成促進事業推進協議会 資料）を参考に加筆・修正

あります。例えば、製造業にとってコア・ビジネスとは、新製品を開発して売上を拡大する、工場の業務改善を行い製品の品質を高めたり、生産コストを削減する――などといったことでしょう。

３ＰＬ企業にとっては、荷主に提案した物流改善を実行し、業務を効率化することで運営コストの削減につなげられるのがメリットです。また、荷主との関係性を深めれば、業務の受託領域の拡大も見込めます。

ただし、３ＰＬにはリスクもあります。荷主企業にとっては、物流業務の包括的な外部委託によって自社の物流のノウハウが流出、空洞化する恐れがあります。委託当初は良くとも数年経過すると物流の経験者が社内にいなくなり、３ＰＬ企業の言いなりになってしまうケースも見られます。顧客情報や販売実績などの情報漏えいのリスクも自社で物流を運営するより高くなるため、秘密保持の徹底が重要になります。

37 3PLの成長性

市場規模は3兆円、さまざまな業種が参入

2018年度の日本の3PL市場は約3兆円（推定値）で、前年度に比べて約6%成長したと言われています。それだけ3PLに対する需要が拡大しているということであり、荷主、物流事業者双方のメリットが認識されてきたということでもあるでしょう。

乱暴な言い方をすると、3PLでは物流事業者が自らのノウハウを活用し、荷主に代わって勝手に物流改革を進めてくれるため、荷主は物流コストの削減や物流サービスの向上を見込むことができます。加えて、前項で説明したように自社の経営資源をコア・ビジネスに集中的に投資できるようになります。自社で行っていた物流業務をアウトソーシングして3PL化することにより、物流部門の人員、物流センターや物流情報システムなどコアでない領域に経営資源を投入しなくても済むということです。

物流事業者にとっては、これまで荷主の物流を改善すれば、効率化の結果として輸送量や保管量が減るために自社の売上が減少するというジレンマがありました。しかし、3PLであれば荷主の立場に立って物流改革を進めることができるのです。そうして「荷主にとってなくてはならない存在」になり、荷主との関係性を強めることで、競合他社への業務移管を防ぐことが可能になります。輸送や保管といった個別機能だけで見ると、収入は減少するかもしれませんが、物流業務の受託範囲が拡大するのでトータルでは売上の増加も期待できます。

荷主、物流事業者に共通するメリットとして、物流業務の委託先・受託先の変更に関する「スイッチング・コスト」の削減が挙げられます。委託先・受託先を変更すると、倉庫の移転や情報システムの再構築が必要になる上、新しい業務に慣れるまでは作業ミスの増加や生産性の低下などが起こるので、双方にコストが発生します。これがスイッチング・コストです。3PLでは複数年の契約をする場合が多いため、このスイッチング・コストを削減できるのです。

日本の代表的な3PL企業として、大手物流事業者では日本通運、日立物流、センコーなど、中堅物流事業者で

従来の物流受託業務

物流モジュール考慮	購買品現品管理	ロット管理	物流実務	受注
リサイクル考慮	購買品調達物流	生産計画の選定	物流コスト管理	顧客支援
生産歩留り考慮	購買品の発注	生産リードタイム短縮	物流拠点の選定	市場動向の把握
開発	**調達／仕入**	**生産**	**物流**	**販売**
新技術	購買先の選定	生産設備の保全	物流品質の向上	キャンペーン
新コンセプト	購買品品質検査		物流サービス向上	マーケティング
新製品	購買価格の交渉	生産技術の革新	トレーサビリティー	価格交渉

従来の物流受託業務　3PL受託可能業務

3PL（サード・パーティー・ロジスティクス）市場の拡大

はハマキョウレックス、丸和運輸機関などが挙げられます。国際物流の３ＰＬで有名なのは郵船ロジスティクス、山九などですが、市場のプレーヤーはこうした物流事業者ばかりではありません。三井物産、三菱食品といった商社や卸売業も事業規模を拡大しており、今では３ＰＬはコンサルティング会社や人材派遣会社も含め、さまざまな業種が参入する成長産業となっています。

　荷主と物流事業者の関係は、委託者と受託者、お金を支払う方と受領する方というように、これまでは対等でない、極端な表現を使うと主従関係であったように感じられました。しかし、３ＰＬ事業者は荷主のパートナーという位置付けです。今後、３ＰＬの市場はますます拡大していくでしょう。優秀な学生、あるいは異業種で活躍しているビジネスパーソンの皆さん、３ＰＬ業界でチャレンジしませんか！

38 グリーンロジスティクス

エコロジーとエコノミーを両立する

日本国内の二酸化炭素（CO_2）排出量のうち、約12％（2017年度）が運輸部門から排出されています。トラック等の輸送機関を動かすガソリンやディーゼルといった燃料、紙やプラスチックといった包装材料は限りある資源です。ロジスティクスに携わる人々も、環境に配慮する「グリーンロジスティクス」に責任を持って取り組まねばなりません。

このグリーンロジスティクスには、**①省エネ・CO_2削減**と**②省資源・資源循環・廃棄物削減**の二つの視点があります。

①省エネ・CO_2削減の具体的な施策を説明します。荷主企業の物流部門や物流会社が自らの責任と権限で実行できるのは、急発進や急ブレーキをやめ燃費を高める「エコドライブ」の推進、低公害車やエコタイヤの導入といったハード面での対応、輸送計画の見直し、トラック1便あたりの積載率の向上――などです。トラック輸送から鉄道、船舶輸送に切り替える「モーダルシフト」の推進、拠点配置の見直し（第19項「輸配送ネットワークの構築」参照）、輸送・保管単位と発注単位の整合化――などは、営業部門や生産・調達部門など社内の他部門や取引先を含めたサプライチェーン全体での取り組みが必要ですが、その分大きな効果を期待できます。

②省資源・資源循環・廃棄物削減には、リデュース（抑制）、リユース（再利用）、リサイクル（再生利用）の「3R」が有効です。リデュースとは資源の利用や廃棄物の発生を抑制することで、包装資材の軽量化、包装の簡素化などの取り組みが挙げられます。身近なところで、清涼飲料水のペットボトルが薄く軽くなっているのにお気づきでしょうか。また、在庫を適正化して不動・不良在庫を削減すれば、賞味期限切れの食品などの廃棄物削減につながります（第4項「ロジスティクスの役割」参照）。

リユースは資源の再利用です。不要になった段ボールを出荷に再利用する、外装を段ボールからプラスチックコンテナや折りたたみコンテナに変更し、通い箱として繰り返し利用するなどの取り組みが進んでいます。

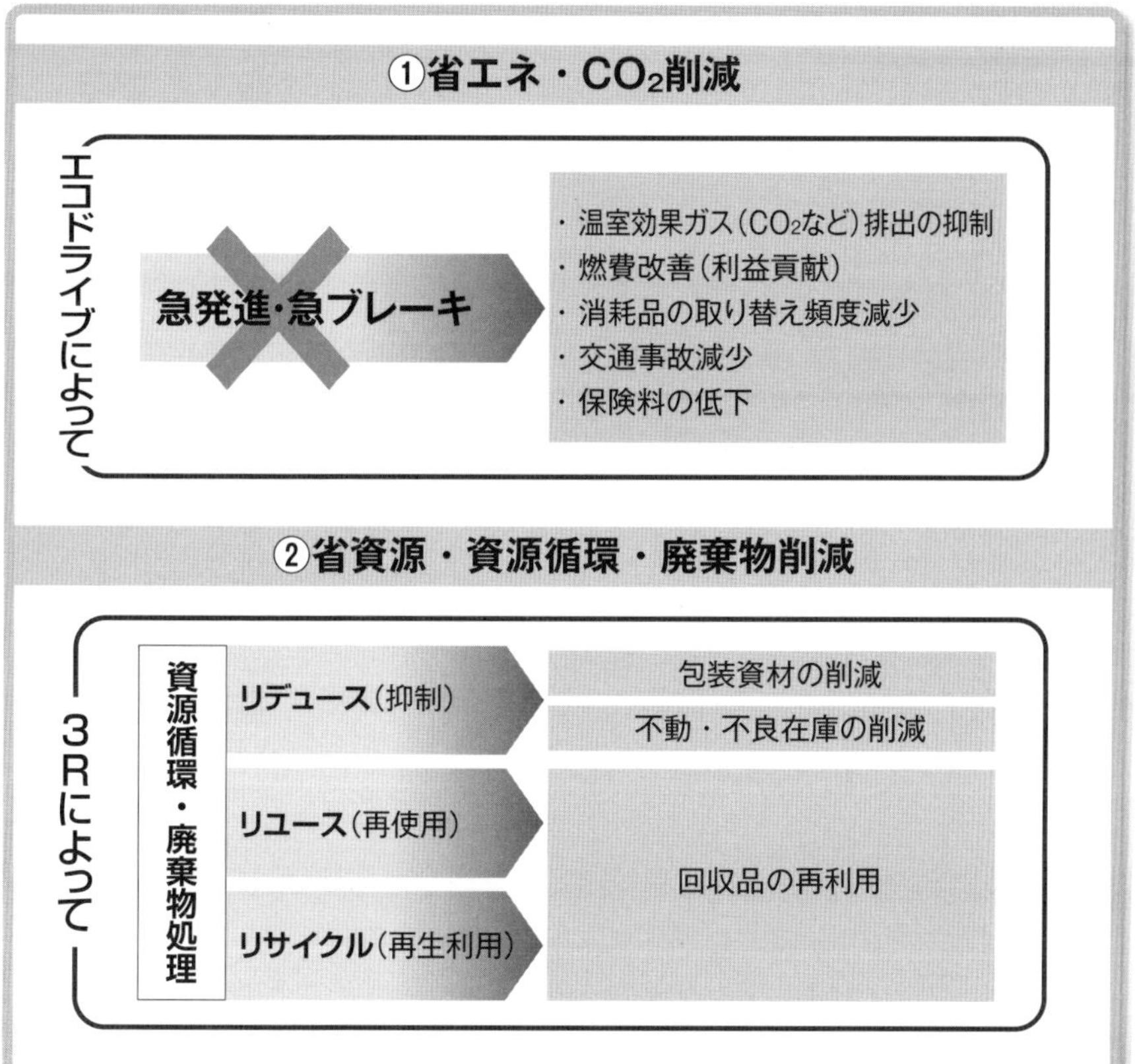

グリーンロジスティクスによるメリット

リサイクルとは、それまで廃棄していたものをリサイクル業者等に渡して再資源化することです。使用済みの段ボールや包装フィルム、蛍光灯、壊れたプラスチック製のパレット、また休憩室の空き缶や空きペットボトルを再資源化して活用します。

また最近では、屋上や敷地に太陽光パネルを設置して自家発電を行う物流センターも増えてきました。節電効果のあるLED照明の導入も一般的になりつつあります。

これまでグリーンロジスティクスは通常の物流よりもコストがかさむと考えられていたため、その取り組みは大企業などに偏っていました。しかし、近年は環境に優しいばかりでなくコスト削減にもつながるという「エコロジー&エコノミー」に対する理解が進み、多くの企業に裾野が広がってきています。

39

ロジスティクス視点のBCP

計画策定のポイントと策定後の注意点

東日本大震災を機に、事業継続計画（ＢＣＰ）の重要性が再認識されています。震災は東北地方に大きな被害を与えただけでなく、日本の経済活動におけるサプライチェーン（供給体制）の弱点を浮き彫りにしました。東北のある自動車部品工場の被災で部品の供給が止まったため、中部や九州の自動車工場が操業を停止したばかりか、アメリカや中国の自動車工場の生産も大きな影響を受けました。

自然災害だけではありません。事故や火事、停電、感染症の発生など、サプライチェーンには多くのリスクが潜んでいます。このようなリスクが現実のものになっても、いかに事業を継続させるかを平時に計画・準備しておくことがＢＣＰです。

あらかじめＢＣＰを策定し、災害時に迅速に供給責任を果たすには、ロジスティクスの視点からの対策が大変重要になってきます。まず、マネジメントの観点からは、生産拠点や在庫拠点を分散し、リスクを軽減することが必要です。従来は生産・物流拠点や調達先、協力会社の集約は効率的でコスト削減効果が高いと考えられていましたが、集約した分だけ被災時のリスクは上がります。生産拠点や物流センターが1カ所しかなければ、それらの被災時に供給責任を果たすことができません。在庫削減も経営効率を高める一方、非常時に欠品を起こす恐れが高まります。このため、医薬品や食品など生命にかかわる商品を扱う企業は、安定供給の視点から在庫の積み増しをしています。

物流センターを機械化、自動化している場合は、手動でも運用できるようにしておく配慮が必要です。停電時はもちろん、停電が解消されても設備が動かなくなるリスクがあるからです。例えば、立体自動倉庫や自動搬送機は各所にセンサーが付いており、地震等で設備がゆがむとセンサーに異常と見なされ機器を動かせないといったことが起こります。

次に、現場の観点ではネステナー（段積みできるスチールパレット）、ラックなどの転倒や商品の落下を防ぐ工夫をしておくことが重要です。これによって現場作業を迅速に再開すること

マネジメント視点

① **拠点の分散**
（①在庫拠点の分散 ②備蓄倉庫の設置 ③調達先の分散）
② **機械化、自動化、電子化と手動の両立**
③ **物流会社／協力会社との信頼関係構築**

現場視点

① **転倒防止**
（①ラック等の転倒防止 ②商品の落下防止 ③割れものの別管理）
② **避難エリアの設置と非常用備品の確保**
③ **設備、マテハン機器の見直し**
（非常用電源、通信機器、センサーの誤作動対策）
④ **2S（整理・整頓）の徹底**
（不要物がない、どこに何があるかを把握する）

供給責任を果たすために

が可能になります。停電や通信の遮断に備え、自家発電や防災無線などの導入を検討することも大切です。

東日本大震災の発生時、物流センターの中でも普段から整理・整頓（2S）を徹底している現場は復旧が早かったと言われています。スタッフがモラール（士気）を高く持ち、現場に不要なものを置かず、どこに何があるかを把握していたことが功を奏したのでしょう。

総務部や経営企画部などが対策マニュアルを作るだけでは、BCPは不十分です。そのマニュアルが物流部門や物流現場で本当に役立つのか、スタッフは実際にマニュアル通り動けるのかということを訓練で確認し、見直しを続けて初めて使えるものになるのです。また、部門長やセンター長が不在であっても被災時の混乱を収められるよう、代行者を決めておくことも必須です。

40 労働力減少と環境への対応

ロジスティクス面での対策は

2005年に始まった日本の人口減少は、物流業界にも大きな影響を及ぼしています。労働集約型の物流産業において労働力を確保することは今後の重要課題であり、特に深刻なのがトラックドライバーの不足です。

日本の人口は2050年には1億人（2017年から約2600万人減）になると言われており、総務省によると労働力人口も2017年の6556万人から2030年には6180万人にまで減少するという調査結果が出ています。これに伴い、公益社団法人鉄道貨物協会の調査によると、2028年には約28万人のドライバーが不足するということです。

ドライバー不足の要因は労働力人口の減少だけではありません。2007年6月の法改正による中型自動車免許の創設もその一つと言われていました。そこで、政府は新たな免許区分「準中型自動車免許」を2017年3月から導入しました（第34項「輸配送のコンプライアンス」参照）。

賃金の低下もドライバー不足に拍車をかけています。厚生労働省の調査では、トラックドライバーの平均給与は大型で447万円、中小型で399万円と全産業の平均給与490万円を下回っているのが現状です。

ドライバーに加え、倉庫内の作業者の不足も懸念されるところです。庫内作業ではアルバイトや主婦のパート社員など非正規雇用のスタッフが戦力になっていますが、現在パート・アルバイトの労働力は不足気味で飲食業や小売業と取り合いになっており、時給も上昇傾向にあります。

このような状況の下、輸送分野では高速道路におけるトラックの自動運転や隊列走行の実証実験が実施されています。また庫内作業においては、ロボット化や自動化の技術開発が進んでいます。また、国土交通省、経済産業省、農林水産省は「ホワイト物流」を推進しています。ホワイト物流とは、「荷主と物流事業者が相互に協力し、トラック輸送の生産性向上と物流の効率化、女性や60代以上の運転者等も働きやすい労働環境の実現」を目指し、ドライバー不足に対応しようとするものです。

〈労働力人口減少への対策〉

バラ積みからパレットによる積込で作業時間を短縮し作業負荷も軽減

〈環境負荷軽減への取り組み〉

鉄道や船舶へのモーダルシフト推進で CO_2 削減

次に、物流業界で取り組むべき重要なテーマが環境負荷の軽減です。我が国の二酸化炭素（CO_2）排出量のうち、運輸部門の排出量は約12％を占めています。このCO_2排出量を削減する手法として、低燃費車の開発・導入、共同配送の推進、トラック輸送から船舶や鉄道を活用した貨物輸送への転換（モーダルシフト）などが挙げられます（第38項「グリーンロジスティクス」参照）。このなかでも注目されているのが、ドライバー不足の解消と環境負荷軽減を同時に実現できるモーダルシフトと共同配送です（第41項「共同配送は宝の山」参照）。

トラック輸送に比べ、鉄道輸送のCO_2の排出量は約6分の1、船舶輸送は約4分の1。鉄道輸送の場合、貨物列車1編成で20～26両なので、大型トラックに換算して容積勝ちの貨物で約50台分、重量勝ちの貨物で約65台分の貨物が輸送できます。船舶輸送には、国内で一般的な大きさの長距離フェリーで大型トラック約１６０台分を１回の運航で輸送できるというメリットがあります。環境負荷軽減を意識した「グリーン物流」も重要なテーマです。

41 共同配送は宝の山

コスト削減、環境対応、労働力不足を一気に解決

共同配送とは、荷主企業同士、あるいは荷主と物流事業者などが協力し、異なる企業の貨物を積み合わせて共同便で配送することです。そのメリットとして**①物流コストの削減　②物流の効率化　③環境負荷軽減**――の三つが挙げられるのに加え、最近では**④ドライバー不足への対策**という点でも注目されています。左図のように、貨物の発地と到着地との間に共同配送のための拠点を1カ所設けると、配送便数が3×4＝12から3＋4＝7に削減されることがわかります。「発荷主数×着荷主数」の掛け算になっていた配送便数が、配送を共同化することによって「発荷主数＋着荷主数」という足し算に変わるのです。これに伴い、総配送距離と納品の車両台数が削減され、配送費の削減効果が生まれます。

貨物を受け取る着荷主にとっても、共同配送はメリットがあります。これまでは各発地から計3便分の荷受け・検品・入庫処理をしなければなりませんでしたが、それが1便で済むので作業負担の軽減になり、物流の効率化が図れます。

コンビニが日本で誕生した当初は1店舗に1日70台もの車両が納品に来ていました。しかし、今ではアイスクリームなどの冷凍（マイナス20度）、惣菜や牛乳などのチルド（5度前後）、弁当やおにぎりなどの中温（20度）、飲料やカップ麺などの常温――の温度帯別にまとめて配送するよう改められ、店舗への納品車両は1日10台以下にまで削減されました。

こうした荷受業務の効率化により、納品車両の待機時間が減少するという効果も見込まれます。さらに、納品車両台数の削減は交通渋滞の緩和、温室効果ガスの排出量の削減にもつながります。

共同配送のメリットは「束ね効果」、「ならし効果」、「段取り効果」によるものだと説明されます。「束ね効果」とは、複数の荷主の貨物や作業を束ねることによるスケールメリットです。例えば、荷主企業5社がそれぞれ2トン車で納品していたもの（2トン車5台）を10トン車1台に束ねた場合、車両台数は1台です。10トン車には2トン車5台分の貨物を積載できますが、

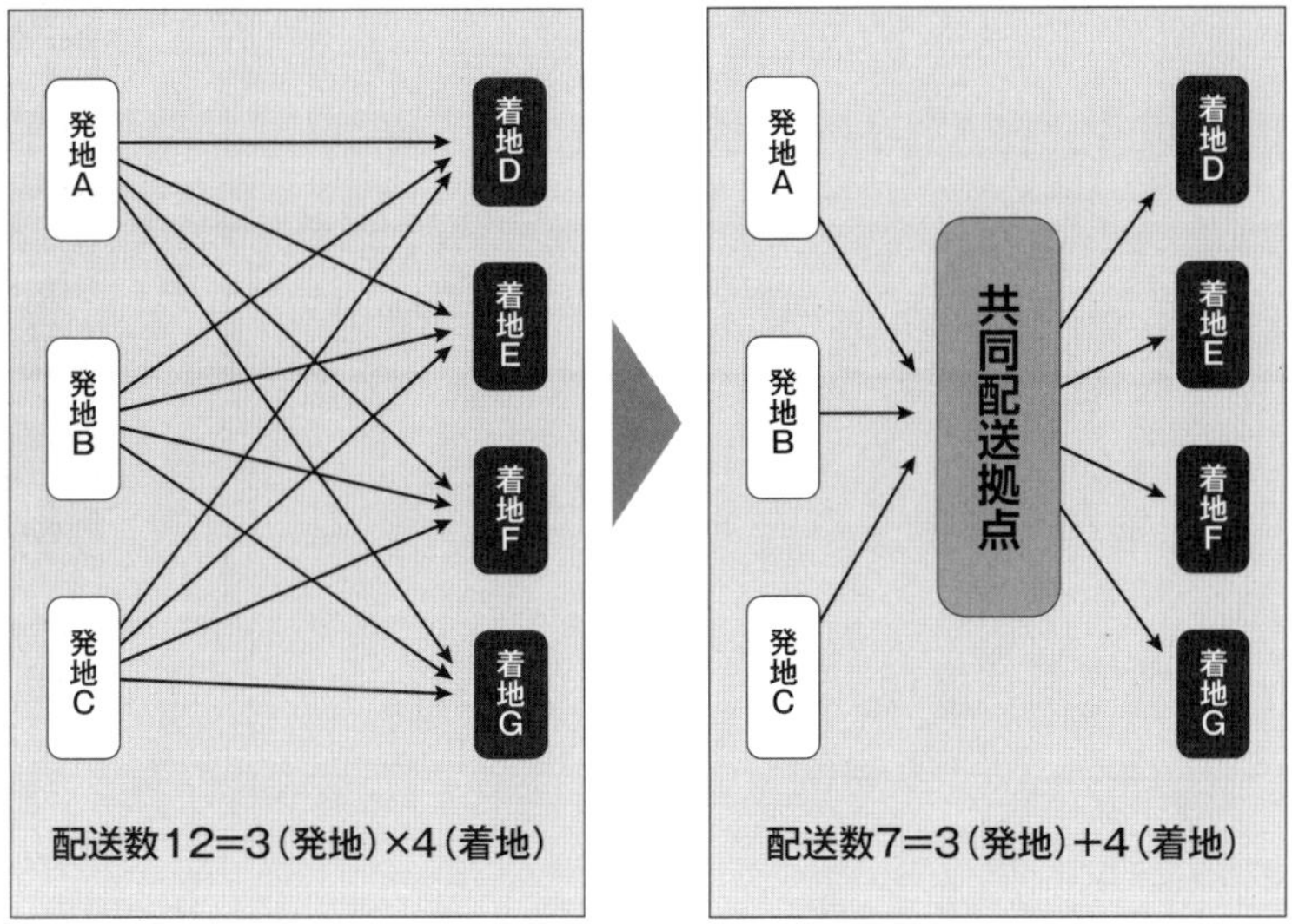

配送共同化のメリット

2トン車と10トン車の貸切運賃の差は2倍程度しかありません。このため、1ケースあたりの運賃を大幅に削減することができます。

「ならし効果」とは物量の増減（波動）を複数社の貨物で平準化できるということです。例えば、夏場に売れるビールと冬場に売れる日本酒の配送を共同化することで、年間を通して貨物量を平準化していくことが可能になります。

「段取り効果」は共同配送を行うために荷主各社が運用ルールを厳守することで、現場での効率や作業性が高まるというものです。共同配送では他社に迷惑をかけないよう、出荷時間（集荷時間）などのルールの厳守がお互い求められます。そのため、現場作業の段取りが良くなるのです。

共同配送は車両台数の削減に直結するため、ドライバー不足への対策としても効果的な手法です。加工食品、飲料、日用雑貨、アパレル、冷凍・冷蔵食品など、さまざまな貨物で取り組みが進んでいます。なお、宅配便のように運送事業者が複数の荷主の小口貨物をトラック1台に混載する「特別積み合わせ便（特積み、旧路線便）」なども、共同配送の一種とされています。

42 国内の通販物流

物流サービスは通販業の差別化手段

日本の通信販売市場は7兆5500億円（2017年度実績）と、この10年間で2倍近く拡大しています。また、高齢化で日常の買い物が不便な「買い物弱者」が増加し、ネットスーパーや生協の個人宅配など宅配ビジネスが注目されています。

通販や宅配ビジネスに対する消費者の不満は、「いつ届くかわからない」、「商品・数量・サイズ間違い」、「欠品」、「汚破損」、「配達員の態度が悪い」など、物流に関するものが大多数を占めています。通販や宅配ビジネスでは物流はとても重要な要素であり、他社と差別化するための武器でもあるのです。

通販企業の物流センターの形態には次の四つのパターンがあります。

①在庫型：物流センター等に在庫を保有、受注に応じて在庫から出荷

②通過型：物流センター等に在庫はなく、受注後に仕入れ・生産し、出荷

③在庫型＋通過型：①と②の併用

④ドロップシッピング型：商品はサプライヤーから直接顧客へ発送

在庫型では商品を受注後、すぐに在庫品から出荷できるので納品までのリードタイムが短くなります。しかし、過剰在庫のリスクがあり、在庫の保管料も発生する、といったようにそれぞれメリットとデメリットがあり、どれを選ぶかは通販会社の戦略次第です。

物流センターの形態が違っても、その配送を担うのは主にヤマト運輸、佐川急便、日本郵便の3社で、この3社は国内の宅配便市場で合わせて90％以上のシェアを握っています。全国に複数の物流センターを持つ大手通販企業では、宅配大手3社だけではなく、東京23区はA社、大阪市内はB社というように各物流センターが地域の物流会社に配送業務を委託するといった動きもあります。

次に、ネットスーパー等の宅配ビジネスについてです。ネットスーパーにはイオンやイトーヨーカ堂といった大手から地域の中堅スーパーまで約100社が参入していると言われています。市場規模は約1400億円。今後も確実に成長すると考えられています。

とはいいながら、実はネットスーパー事業のほとんどは赤字で、その原因は「物流費」です。日本のネットスー

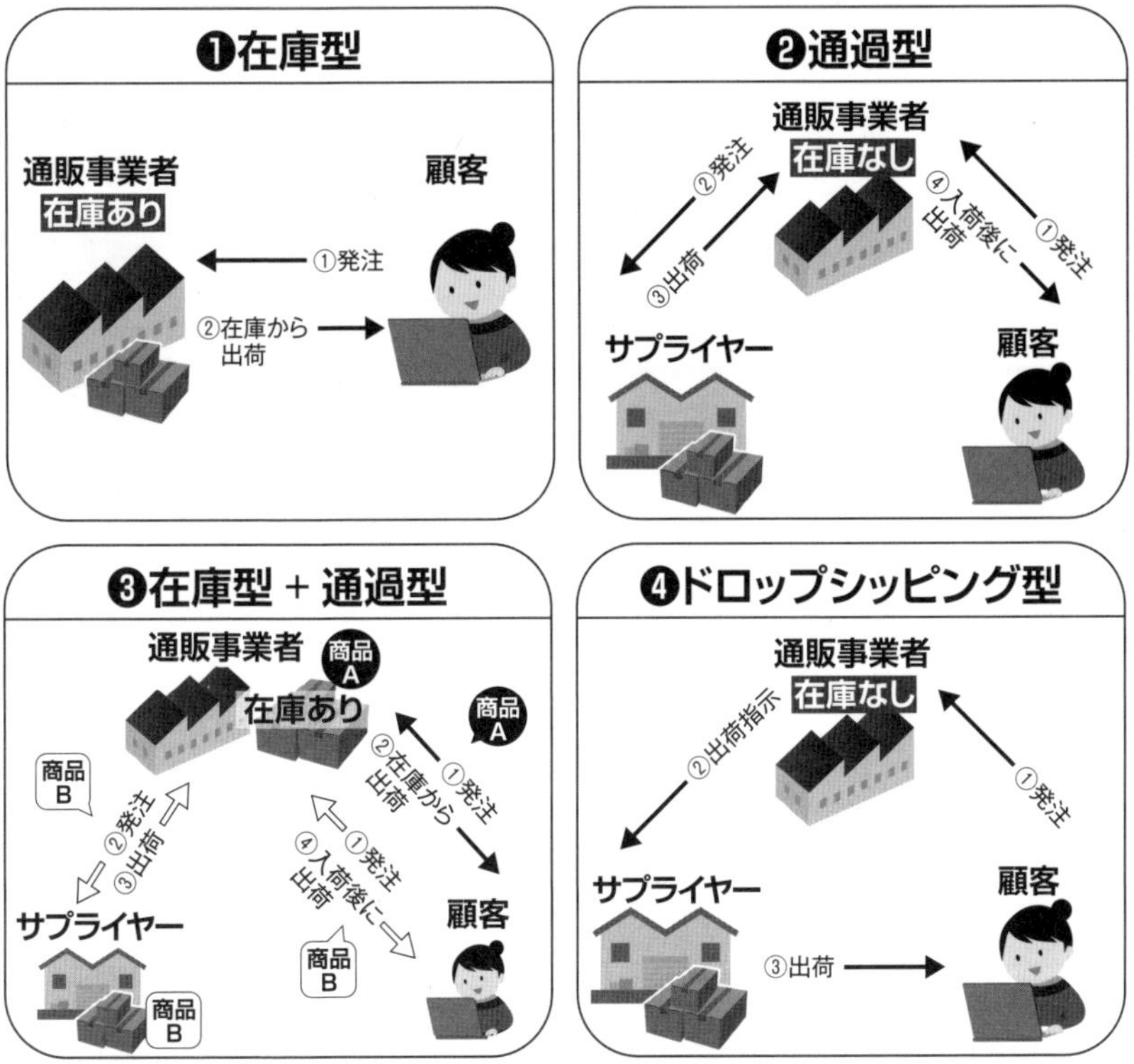

通販会社の物流センターの形態

パーは商品を店舗から出荷する「店舗型」が多く、物流センターから店舗まで、店舗から消費者宅までと、物流費が二重にかかります。そのうえ、店舗の売り場では商品のピッキングと梱包の作業費が発生します。これらが赤字の原因になっているようです。

さて、通販の拡大に伴い、宅配便の再配達の負担も増加しています。宅配便の再配達率は約16％（2019年4月の調査結果）で、これがCO_2排出量増加、ドライバーの不足や長時間労働などの原因となっています。再配達を削減するために、コンビニ受取や駅の宅配ロッカーなど自宅以外での受取方法の活用、マンションや戸建住宅への宅配ボックス設置の促進、そして「置き配」などの取り組みが注目されています。置き配とは、あらかじめ指定しておいた場所（玄関前、車庫など）や鍵付き専用バッグに宅配便の荷物を非対面で配達するものです。

43 海外の通販物流

米、中、欧の通販大手の物流戦略

世界の通販市場を牽引している「アマゾン」を知らない読者はいないでしょう。ジェフ・ベゾスが1995年にアメリカで創業した世界最大の通販企業で、現在は30カ国以上で事業を展開し、年間の連結売上高は約2328億ドル（2018年）に達しています。同社は計1400万平方メートルもの物流センターを世界175カ所以上に建設し、最近では無人飛行機（ドローン）による配送実験、ロボット導入による倉庫内の無人化に着手するなど、物流に積極的な投資を続けています。

筆者はアマゾンを通販会社というより「物流&IT」の会社と考えています。膨大な顧客情報と商品のレビュー、レーティングを分析して商品政策を決定し、各ユーザーに対して興味を持ちそうな情報を表示するといった「レコメンデーション」機能も駆使するIT力。そして、商品を速く正確に届ける物流力で業界の常識を覆し、急成長を遂げました。ただ、日本では基本的に送料を無料にしていますが、アメリカでは有料です。これが何を意味するのか、今後注目されるところでしょう。

そのアマゾンが本国アメリカで力を入れているのがネットスーパーです。生鮮食品の宅配は利幅が薄い上に保冷設備が必要で、コスト負担が重いためにアメリカでは成功例がほとんどありません。しかし、アマゾンは自ら生鮮食品の宅配会社「アマゾンフレッシュ」を設立し、都市部で配送網を広げています。また、食品スーパーのホールフーズ社を買収し、食品の実店舗での販売も始めています。既存のネット通販の強みを生かして新市場を開拓できるのか、アマゾンの動きは見逃せません。

世界第2位の経済大国である中国には、「アリババグループ」というEコマース（電子商取引、EC）の巨人がいます。2019年3月期の売上高は約3768億元で、中国ECシェアは約58%。同グループにはCtoC（消費者間）のショッピングサイトの「タオバオ」、BtoC（企業−消費者間）の「Tモール」などがあります。

中国のネット通販の市場規模は9兆元（2018年度）を突破し、今なお急成長が続いています。11月11日

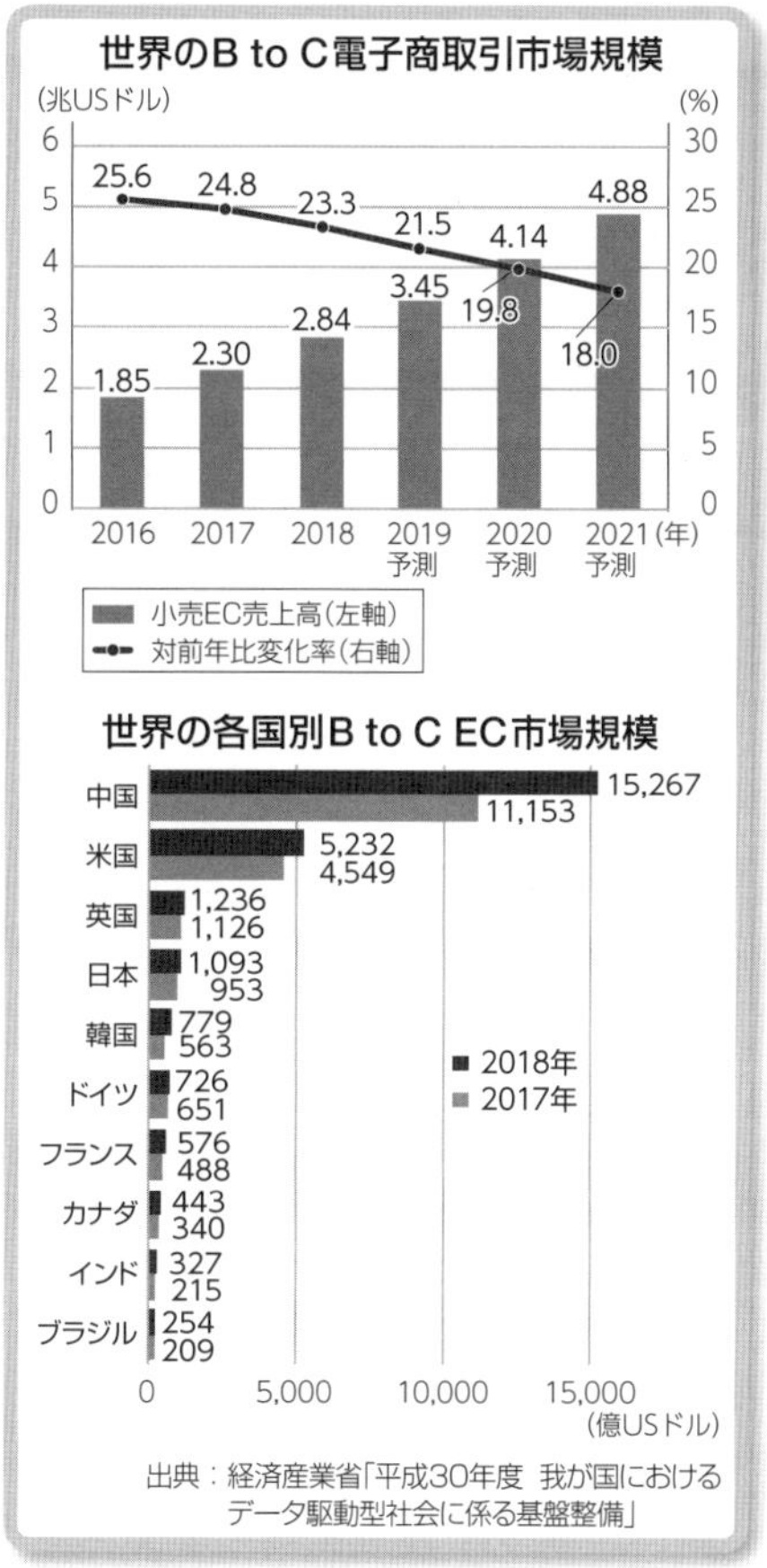

出典：経済産業省「平成30年度 我が国におけるデータ駆動型社会に係る基盤整備」

の「独身の日」のたった一日で、アリババグループが3・5兆円、京東商城が2・5兆円の売上を達成しています（2018年11月実績）。ネット通販の拡大に伴い、中国の年間の宅配便の取扱件数は500億個（2018年）を超えています。ところが、中国の宅配便は料金が高かったり、品質が良くなかったりといった課題があります。このため、アリババグループや京東商城などの大手通販は、物流センターの整備や運送会社への出資など物流分野に巨額の投資を行い、自社物流網の構築に乗り出しています。

中国での宅配便の仕分け作業

　欧州でも通販市場は成長を続けています。欧州の通販の特徴として面白いのが、アパレルの返品率が高いこと。日本の通販の返品率は全体で2・5%程度、衣類に限っても7・5%程度ですが、欧州の通販の返品率は20～40%に上ります。理由は、気に入った商品をサイズ違いや色違いで複数個注文し、そのうちぴったりフィットした商品だけを購入して残りは返品するという買い方が多いからだそうです。返品処理は物流業務の中でも難しいとされていますが、欧州では返品を前提として業務を行わなければなりません。

　また、欧州の食品スーパーでは「ドライブ」という販売形態が注目されています。パソコンやスマートフォンで注文し、注文者がドライブ専用の店舗に立ち寄り商品を受け取るといった、ファストフードのドライブスルーのような形態です。お客様が自分で買い物をする実店舗より、ドライブ専用店舗の数の方が多い食品スーパーもあるほどの人気です。

第6章

グローバルロジスティクスと貿易ビジネス

44

国際物流とは

経済発展と豊かな暮らしに不可欠

近年、経済のグローバル化がますます進んでいます。みなさんが着ている衣類の多くは中国をはじめアジアで生産されたもので、国内で販売されている衣類の90％以上は外国産です。食物、例えば朝食によく出る納豆の豆、昼食のうどんの原料の小麦なども、その多くが外国から輸入されたものです。電気やガスなど生活に欠かせないエネルギーの多くも輸入されており、日本のエネルギー自給率は5％未満で95％以上は海外に依存しています。私たちの身の回りにあるものの多くは輸入品なのです。

天然資源の乏しい日本は、石油や鉄鉱石などの資源を輸入し、自動車や家電などを製品化して輸出するというような加工貿易型の産業構造でした。例えば、自動車の輸出台数は年間約470万台（2017年実績）です。意識する意識しないにかかわらず、私たちの生活は海外との輸出入に密接に関係しています。

物流の視点で考えた場合、国際物流と国内物流の違いは何でしょうか？「国際物流は船舶や航空機を利用し、国内物流はトラックや鉄道などの陸上輸送を利用する」というふうに思われるかもしれません。しかし、国際物流と国内物流の違いには、輸送モードは関係ありません。例えば、ヨーロッパやアフリカなど隣国と陸続きでつながっている場合、国際物流を担うのはトラックや鉄道などの陸上輸送です。あるいは日本国内の取引でも、北海道や沖縄へ貨物を送るには船舶や航空機を利用します。日本は島国なので国際物流というと船舶や航空による輸送とイメージされますが、輸送モードの違いが国際物流と国内物流の違いとは言えないのです。

国際物流と国内物流の大きな違いは、「国境を越えるか越えないか」ということにあります。国境を越えるためには通関という手続きが発生します。海外旅行の際に空港で受ける出国手続きや入国手続きは、旅客（人）の通関です。輸出入される貨物（モノ）も、同じように通関手続きを受けなければなりません。この通関については、第50項「国を守る通関の役割」で詳しく解説します。

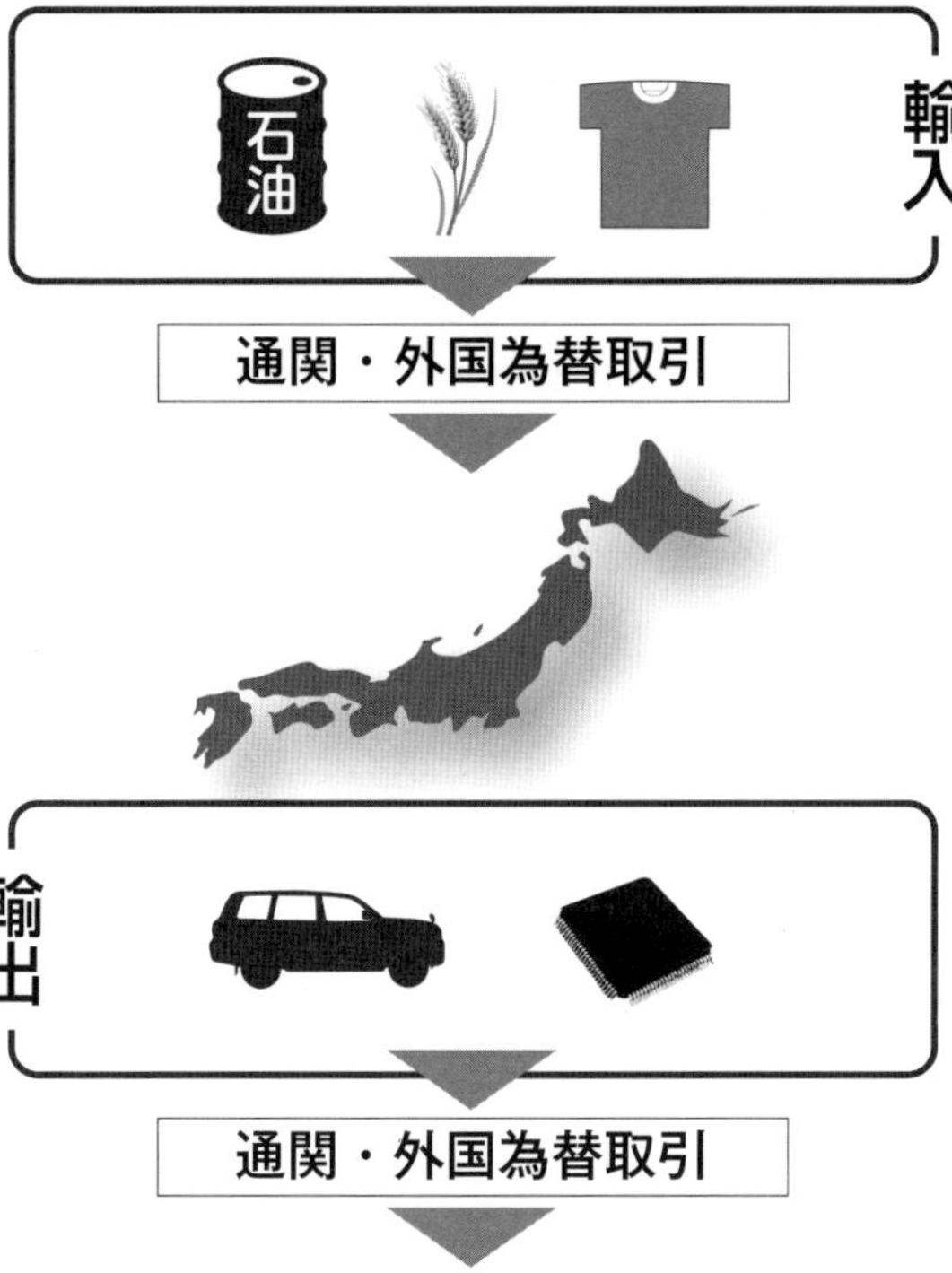

国際物流には通関手続きや外貨決済が必要

国際と国内の物流の大きな違いとして、輸送距離や時間が長くなるため貨物事故の発生リスクが高くなるといったことも挙げられます。また、米ドルやユーロなど日本円以外で輸出入や物流の取引をする場合は、外国為替相場の変動により円高や円安による為替差益や差損が発生します。

国際物流は英語などの外国語の専門用語があったり、難しい法律用語が出てきたりしますが、仕組みは簡単です。第6章と第7章では国際物流と貿易について基礎から簡潔明瞭に説明していきます。両章をお読みいただければ、国際物流の概略は理解できると思います。いままで関心がなかった、あるいは必要性がなかった国際物流かもしれません。それでも日本経済の発展と豊かな生活には不可欠です。ぜひお読みください。

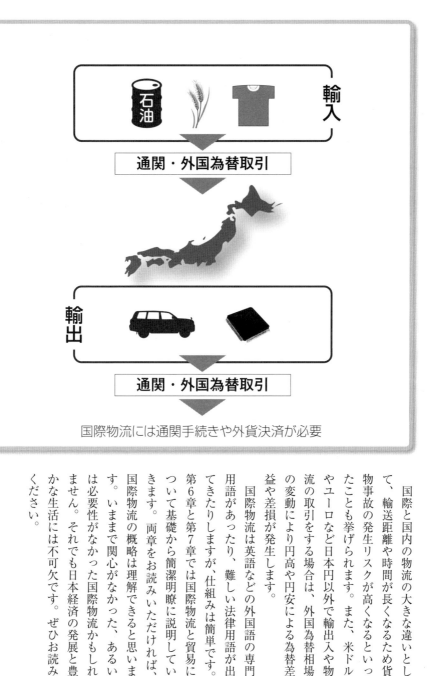

45 国際物流の輸送モード

輸送形態の種類と特徴を知ろう

国際物流における主な輸送形態には船舶、航空、鉄道、自動車（トラック）、国際宅配便、ハンドキャリー、そして複数の輸送手段を用いた複合一貫輸送があります。本項では、それぞれの輸送モードの特徴について説明します。

〈船舶輸送〉

大量の貨物を安価に運ぶのに適した輸送モードです。ただし、輸送速度が遅い、輸送できる地域が限定されるという点があります。

船には大きく分けて2種類あります。コンテナと呼ばれる鉄製の箱に貨物を入れて、玩具のブロックのように段積みして輸送するコンテナ船と、鉱物や農作物などを包装しないまま輸送するばら積み船（バルカー）です。

コンテナを利用する場合、ガントリークレーンというコンテナを積み降ろしする専用の荷役機器が港側では必要ですが、機械作業により荷役時間が短縮され、コンテナの中に入れてしまえば運ぶものを選ばないというメリットがあります。この海上コンテナは20世紀の国際物流において最大の発明だと言われています。

〈航空輸送〉

貨物を迅速に運ぶのに適したモード

外航大型コンテナ船

貨物専用機

です。距離が長ければ長いほど、そのスピードが威力を発揮します。

例えば、日本から欧州に船便で輸送する場合は30~40日間必要ですが、航空輸送では1日あれば到着します。スピードが速いのは素晴らしいメリットで、高価な電子部品をはじめ生鮮食料品、切り花、特殊な医薬品などの輸送に利用されます。振動が少なく貨物にダメージが起こりにくいというメリットもあります。ただし、運賃が高い点がネックです。

航空輸送は旅客機の腹部（ベリー）にある貨物室に貨物を搭載するベリー輸送と貨物専用機（フレーター）による輸送があります。

〈鉄道輸送〉

鉄道輸送はCO_2の排出量が少ない、環境に優しい輸送手段です。欧州やアメリカなど大陸や国土の広い国では、たいへん重要な輸送手段と言えるで

米国ロサンゼルス港の鉄道引き込み線

しょう。長距離を、そこそこのスピードと運賃で環境に優しく輸送します。ユーラシア大陸を横断するシベリア鉄道などが有名で、欧州域内の国際物流にも利用されます。鉄道貨物輸送の難点は振動があることです。長距離輸送の場合、機械のネジが外れたり、段ボール同士が擦れて外装表示が判らなくなったりすることもあるようです。

〈自動車（トラック）輸送〉

船舶、航空、鉄道輸送の場合は、港や空港、駅まで貨物を輸送するため、単独の輸送モードで目的地まで輸送できることはごくまれです。一方、自動車貨物輸送は工場から倉庫、倉庫から店舗へというように、目的地までドア・ツー・ドア輸送できる点が非常に便利です。

欧州連合（EU）内では、トラックによる貨物輸送が盛んに行われています。例えば、フランスで生産された加工食品が、国境を越えスイスの店頭までトラックで輸送されるといったことです。これは、EU内では加盟国間の自動車の相互乗り入れを認めているから実現できることです。

これに対してアジアの国では、1台のトラックで国境を越えて運ぶということは、各種規制等の問題で実現していないケースが大半です。例えば、中国南部からベトナムに輸出する場合、国境で貨物を相手国側の車両に積み替えるという作業が行われています。

経済や貿易の自由化などにより、特にアジアではトラックによる国際物流が今後、増加すると思われます（第54項「アジアの物流事情」参照）。道路交通法や自動車の安全基準に関する法律など、さまざまな規制緩和が求められています。

〈複合一貫輸送〉

船舶と航空、船舶と鉄道など複数の

コンテナターミナル内を走行する海上コンテナトレーラー

輸送手段を組み合わせて輸送することを複合一貫輸送（マルチモーダル・トランスポート）と言います。例えば、港までの海上輸送と港から最終目的地までのトラック輸送を組み合わせて輸送する場合がそうです。

また、船舶と航空を組み合わせて輸送する方法をシー・アンド・エア（Ｓｅａ＆Ａｉｒ）と呼びます。例えば日本から欧州に輸出する場合、日本からアメリカへは船舶、アメリカから欧州へは航空で輸送します。日本から欧州に船舶輸送した場合は約40日、航空輸送の場合は１日ですが船舶輸送の何倍もの運賃が必要です。一方、Ｓｅａ＆Ａｉｒの場合は、所要日数が10～14日で運賃は船舶輸送の倍程度。ほかにも、ＴＳＲ（Trans Siberian Railway、ユーラシア大陸の東にあるシベリアから西のモスクワ方面までシベリア横断鉄道を利用）など船舶と鉄道による複合一貫輸送もあります。

〈ハンドキャリー〉

人の手荷物として貨物を輸送することです。サンプル品や緊急に納品が必要になった特殊な荷物（例えば医療品や修理用部品等）を、手荷物として人が飛行機等を利用して輸送します。あるいは、国境付近の村の住民が、自転車や大八車に農作物などを積んで隣国へ売りに行くなどといったこともハンドキャリーに含まれます。

〈国際宅配便〉

小型の荷物を扱うスモールパッケージ、書類等を扱うクーリエと呼ばれるものがあり、また各国の郵便局が扱うものと、民間企業が扱うものにも分けられます。日本の郵便局ではExpress Mail Service（ＥＭＳ）等、民間企業ではＦｅｄＥｘ、ＤＨＬなどが有名です。

以上のように、国際輸送にはさまざまな輸送モードがあります。自社で輸送手段を持って運航（運行）する運輸物流事業者を「キャリア」、自社では輸送手段を持たずに貨物を集め、キャリアに輸送を委託する利用運送事業者を一般的には「フォワーダー」と呼びます。フォワーダーのなかでも、海上輸送事業者をＮＶＯＣＣ（Non-Vessel Operating Common Carrier）と言います。なお、主に航空輸送の世界ではキャリアとフォワーダーの両機能を持つ事業者を「インテグレーター」と呼びます。

46 貿易の種類と特徴

取引物品や相手国などから最適な形態を選択する

貿易には、輸出入の当事者同士が直接行う直接貿易、商社等を介しての間接貿易のほか、並行輸入や委託加工貿易などさまざまな形態があります。本項では代表的な貿易の形態を説明します。

〈直接貿易〉

輸出者、輸入者の当事者が直接取引を行う貿易のことを直接貿易といいます。例えば、日本の自動車メーカーが日本で生産した自動車を米国の代理店に直接輸出販売する、あるいは日本の小売業が海外のリプライヤーから直接輸入するといった場合が該当します。

〈間接貿易〉

貿易会社や商社を介しての貿易を間接貿易といいます。例えば、輸出の場合は自社で直接輸出するのではなく国内の商社等に販売し、彼らが輸出するかたちです。あるいは輸入では商社等が輸入したものを購入する場合です。どちらも国内の商社等に販売、あるいは購買するため国内取引です。

〈並行輸入〉

ブランド品などの輸入販売が輸入総代理店など1社に限られている場合、特定の条件下において、生産国や第三国の代理店等を経由して輸入することを言います。例えば、ある外国のブランド品の輸入総代理店があれば、ほかの会社はこのブランド品を直接輸入することはできません。ところが、当該ブランドの別の国の総代理店から条件付きで輸入可能な場合があります。このような方法を並行輸入と言います。

〈委託加工貿易〉

海外等の工場に原材料や部品などを供給し、そこで組み立てた製品を輸入することです。委託先工場は部品等を購買し製品を販売するのではなく加工賃を得ます。

〈開発輸入〉

例えば日本で必要な商品を、海外で生産し日本に輸入するように企画・提案し実施することを開発輸入と言います。オセアニアで日本向けのカボチャを作っているのも、日本の商社や小売業などが仕掛けた開発輸入です。

〈OEM輸入〉

OEMは委託者のブランド名による生産です。例えば、海外の名も知られていない生産受託工場で、有名企業の指示のもと、その有名企業のブランド

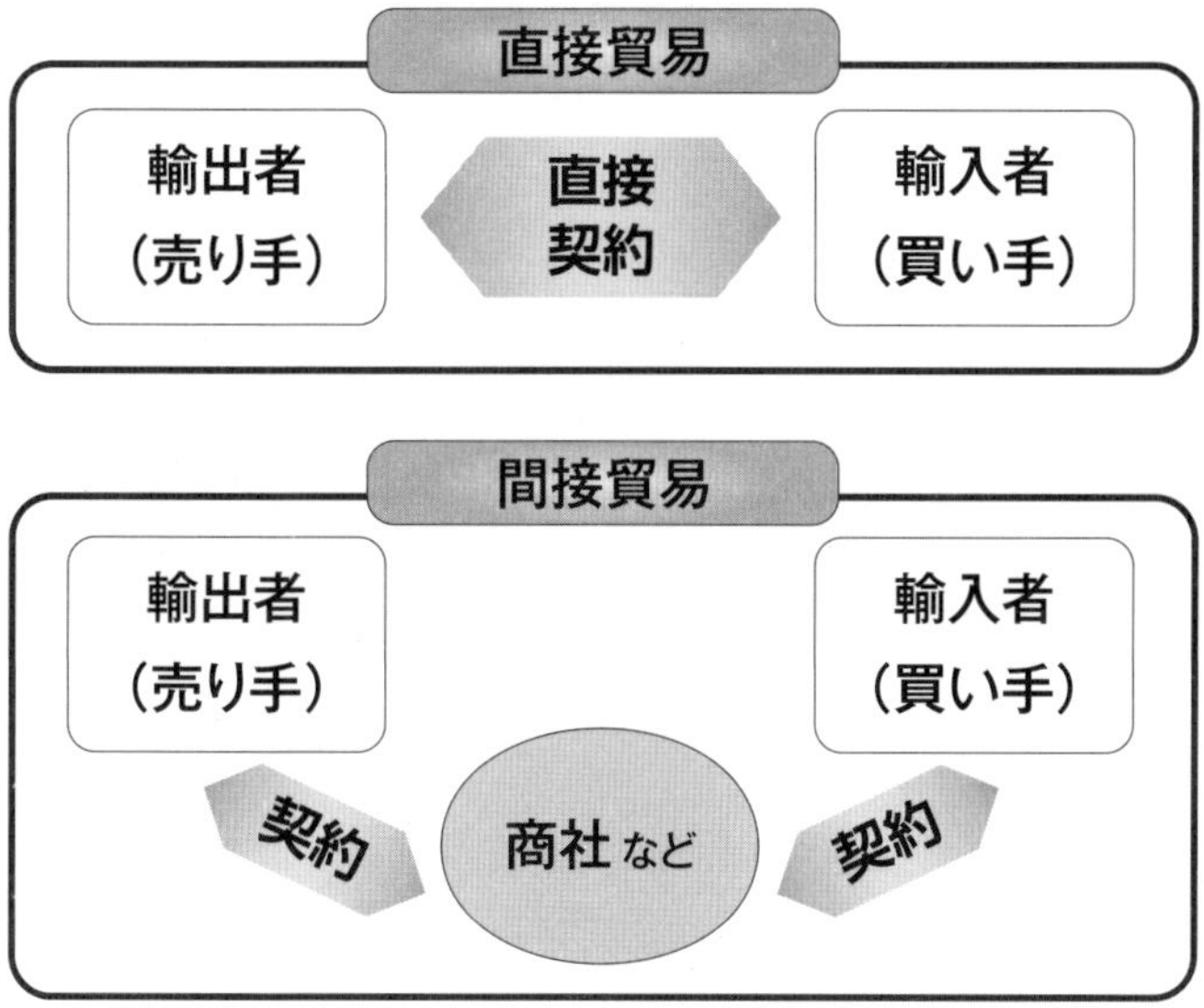

代表的な貿易形態のイメージ

で製造した製品を輸入することを言います。

〈仲介貿易（第三国間の貿易取引）〉

海外の輸出入者との貿易を、第三国の会社が仲介する取引を仲介貿易と呼びます。例えば、石油を中東からアメリカの石油会社を介して日本に輸入するといった取引です。この場合、モノは輸出者から輸入者に直接送られますが商流（売買取引）はアメリカ経由です。

ひとくちに貿易といっても、このようにさまざまな形態があります。大手企業になると先進国との輸出入では直接貿易を行い、発展途上国との取引ではリスク回避のために商社を介しての間接貿易を行うケースが多く見られます。また生産については新興国の委託先工場に委託加工貿易を依頼するというように、1社で複数の形態を実施していることもあります。取引する商品や金額、取引先や相手国の信用などさまざまな条件から、どのような貿易形態が良いかを検討し最適なものを選択します。

余談ですが貿易（交易）は人類が誕生して間もない頃に始まったと言われています。有史以前は銅、塩、穀物等が、古代には絹織物がシルクロードによって中国から中東やヨーロッパへ交易されました。大航海時代には香辛料や茶、宝石や貴金属がアジアとヨーロッパを行き来していました。

47 貿易取引のルール

世界共通の「インコタームズ」を知っておこう

日本の商慣習の一つに、「商品価格に納品物流コストが含まれている」というものがあります。例えば、1ケースの価格が3000円の商品を小売りが卸から購入する場合、この3000円には商品本体の価格と小売りが指定する場所（店舗や小売りの物流センター）への物流費が含まれています。簡潔に表現するなら、納品の物流コストは売主が負担する、「届けていくら」という価格設定および商慣習です。

一方、国際取引では、商品を購入する際の物流コスト（前述の例でいう納品時の物流コスト）は買い主負担と売り主負担の二つのケースがあります。

これはほんの一例ですが、国や地域によって商慣習が違うということは当たり前にあることです。

貿易をする際、契約のたびに輸出者、輸入者の双方が弁護士に依頼し、契約内容を確認しているようでは時間とお金がいくらあっても足りません。そこで長年の貿易の経験則から、国際機関が貿易条件を統一しています。

売買契約を締結するとき、貿易条件は輸出入者の双方にとって最も重要なことです。貿易条件のことを英語ではトレード・タームズ（Trade Terms）と言い、売買の当事者間の費用負担の範囲や貨物の危険負担の範囲を示しています。最も代表的なのは、国際商業会議所が制定した「インコタームズ（Incoterms）」です。現在一般的に使われている代表的なものを次に挙げますので、左図と照らし合わせて参考にしてください。

〈EXW〉

Ex Works、工場渡条件

輸出地の工場等で貨物を輸入者に引き渡します。その時点で貨物の危険負担や費用負担は買い主に移転します。

〈FOB〉

Free on Board、本船渡条件

輸出者は輸出港まで貨物を輸送して通関を行い、輸入者が指定する本船への積込手配まで責任を持ちます。輸入者は輸入するための船舶の手配、海上運賃の支払い、貨物海上保険の手配、また、輸入通関、輸入港から希望地までの内陸輸送の手配を行います。

〈CIF〉

Cost Insurance and Freight、運

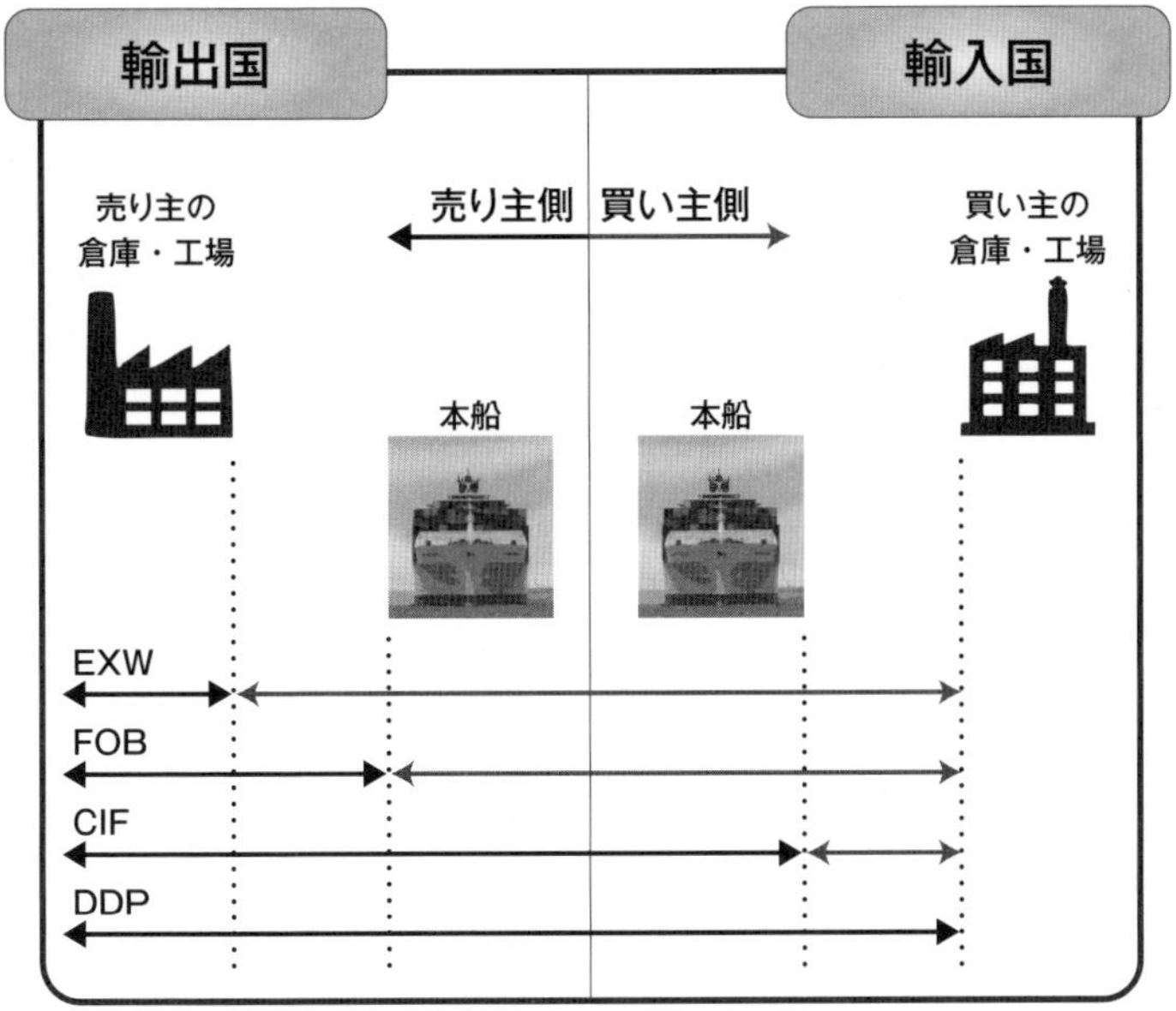

代表的な貿易条件

賃・保険料込条件

　輸出者は荷揚げ港まで貨物を輸送する手配、海上運賃の支払い、貨物海上保険の手配と支払いを行います。輸入者は輸入通関以降の手配を行います。

〈DDP〉

Delivered Duty Paid、関税込持込渡条件

　売り主は輸入国への輸送と保険を手配するとともに、輸入通関と輸入税納付を済ませて、輸入者の指定する場所までの貨物輸送も手配します。

　このように貿易条件は責任と費用の負担範囲を明確に示しています。例えば、東京から上海に輸出する際、「FOB Tokyo or CIF Shanghai?」と言えば、国際物流に携わっている人は意味がわかります。貿易では英語の用語や略語があり難しいように思いますが、覚えてしまえば誰でもわかるという意味では便利です。

48

国際決済通貨と外国為替

為替レートは貿易金額に大きく影響

決済とは、金銭や証券・商品、または売買差金の受け渡しによって売買取引を終了することです。簡潔に言うと、商品を買ったりサービスを受けたらお金を支払うということです。貿易の決済では商談時に決済通貨と決済条件の二つを決めます。本項では決済通貨について説明します。

アメリカでは米ドル（US$）、日本は円（JP¥）、EUはユーロ（€）、中国は元（RMB）など国によって使用される通貨は異なりますが、貿易取引の決済で通常使用されるのは米ドル、日本円、ユーロといった国際決済通貨（ハードカレンシー）です。

貿易取引の代金の支払いでは現金は使われず、「荷為替手形」と呼ばれる手形や送金などで行われます。こうした決済方法を「為替（かわせ）」と言い、為替における自国通貨と外国通貨の交換比率が為替レートです。為替レートには、政府間でレートを固定する固定相場制と市場環境に任せる変動相場制がありますが、先進諸国の多くは変動相場制を採用しています。変動相場制では市場での需給関係で為替レートが変動し、米ドルが欲しい人が増えると米ドルの価値が高くなり、あるいは日本円が欲しい人が少なくなると日本円の価値が低下します。これらのことをドル高、円安などと表現します。

貿易取引の仕入れ・販売価格には、この為替相場が大きく影響を及ぼします。左図のように、同じものを輸出しているにもかかわらず、為替レートによって受け取る日本円が変わるのです。輸入はその逆で、円安になれば支払額がかさむので、円高と円安のどちらが得かは輸出と輸入で異なります。

想定していたより円高あるいは円安になり、利益が膨らむ場合を「為替差益」、目減りする場合を「為替差損」と呼び、このような変動リスクを為替変動リスクと言います。為替相場は一企業や一個人ではどうすることもできません。ですが、リスクを軽減するための方法がいくつかあります。

最も有効な手段は自国通貨で決済することです。日本企業の場合は円建てで取引すれば為替リスクを回避することができます。ただし、取引先が代わりにリスクをかぶることになるので、

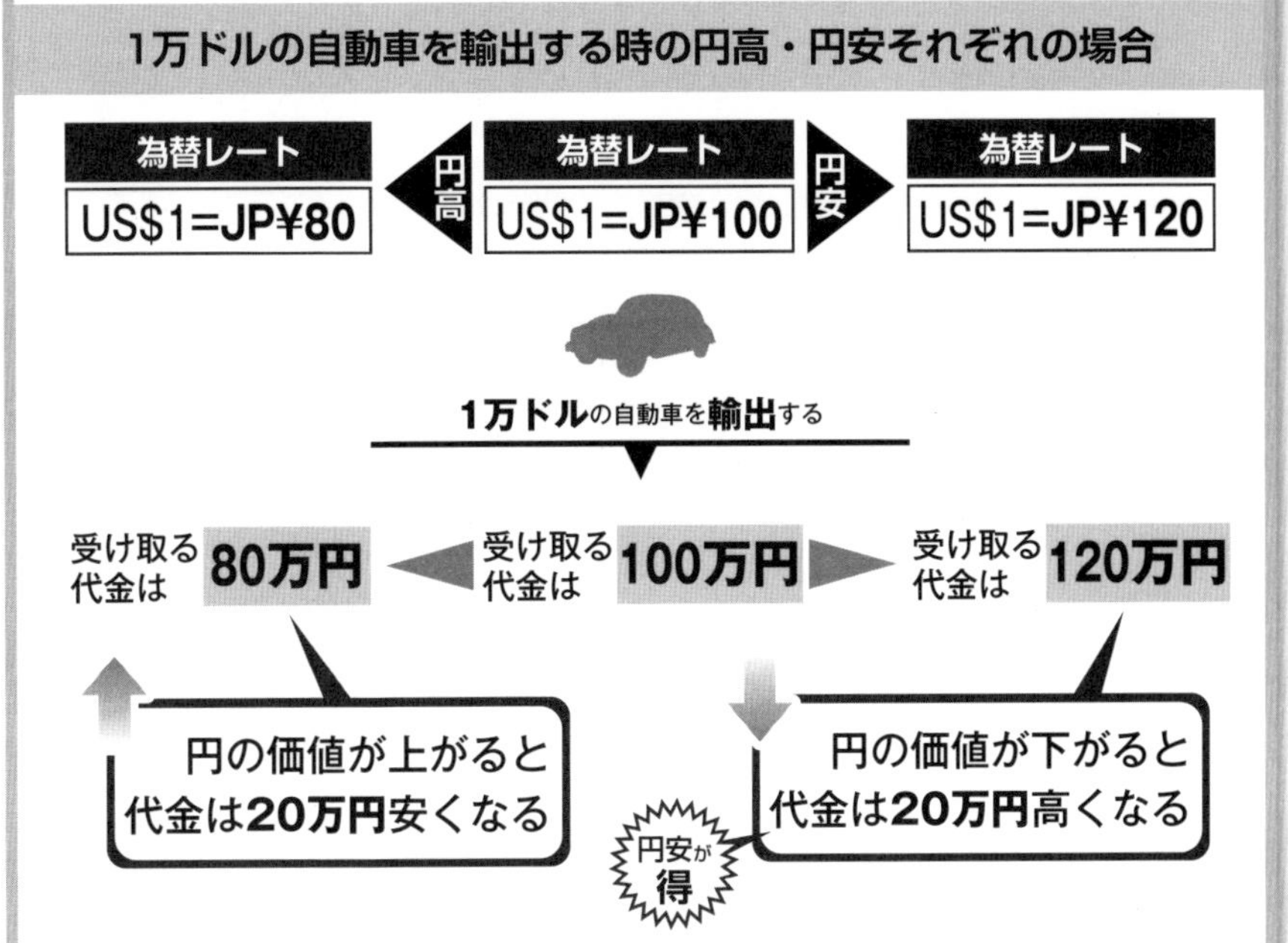
1万ドルの自動車を輸出する時の円高・円安それぞれの場合
為替レート
US$1=JP¥80
円高
為替レート
US$1=JP¥100
円安
為替レート
US$1=JP¥120
1万ドルの自動車を輸出する
受け取る代金は 80万円
受け取る代金は 100万円
受け取る代金は 120万円
円の価値が上がると代金は20万円安くなる
円の価値が下がると代金は20万円高くなる
円安が得

為替レートは貿易取引の仕入れ・販売価格に大きく影響

「為替予約」という方法も使われます。取引銀行と事前に為替レートを決めておき、そのレートで取引するのです。

グループ企業間で相互に輸出入が発生する場合は、「ネッティング決済」を行います。例えば、日本の企業がアメリカの子会社へ日本で生産した部品を100万米ドルで輸出し、アメリカの子会社から完成品を120万米ドルで輸入した場合、それぞれ決済をするのではなく、差額の20万米ドルだけを払うという方法です。これで為替変動リスクは20万米ドル分に減少します。

こうした為替変動から、企業が売上や利益でどの程度影響を受けるかを「為替感応度」と言います。輸出の多い企業ほど為替感応度が高く、トヨタ自動車ではドル円為替レートが1円変わると年間利益額に400億円の影響が出ると言われているほどです。為替相場によって利益が大きく変化することがないよう、企業はさまざまな方法でリスクの軽減に努めているのです。

49 信用状による安全な決済

銀行が輸出入者の間に入り、決済を保証

商談で決済通貨が確定した後は、どのように決済するかを取り決めます。国内の取引でもそうですが、販売側は代金回収の不安から前金（アドバンスペイメント）を求めます。一方、購買側はお金を支払ったのに商品や製品が受け取れない不安、契約どおりの商品が届くかの不安などから後払いを求めます。

国内取引であれば、万が一の場合は取引先を訪問して回収する、あるいは悪質な場合は詐欺罪などで警察や弁護士に相談するといった措置を取ることが可能です。ところが貿易の場合、代金回収や商品入手のために、相手国へ出張し、通訳と弁護士を雇ってとなると、たいへんな時間と費用と労力がかかります。

国内取引と違って、貿易の場合は取引先の情報量が少ない、商取引上のトラブル発生時には問題解決に膨大な時間・費用・労力がかかる、遠距離や長時間の輸送途中に事故や商品ダメージが生じる——など、リスクが高くなる特徴があります。その影響で、輸出側（販売側）は前金を、輸入側（購買側）は後払いを求めることになるのです。それでも、どちらかが折れないことには商談が前進しません。

そこで役に立つのが、「信用状（Letter of Credit＝L／C）」による取引です。信用状は、輸入者の取引銀行である信用状発行銀行（L／C発行銀行）が、輸出者が信用状の条件どおりの輸出関連の書類（船積書類）を提示することを条件に、輸入者に代わって代金の支払いを確約する保証状のことです。輸入者の取引銀行が支払いを確約しているため、輸出者は確実に代金を回収できることになります。その仕組みは左図で示した通りです。

まず、①輸入者は取引銀行に信用状の発行を依頼します。②信用状発行銀行は輸入者の支払能力などを確認した後、信用状を発行し輸出者の取引銀行（通知銀行）へL／Cを送付します。③輸出者は取引銀行からL／Cを入手したら、④そのL／C通りに輸出します。⑤その際、輸送を担当する船舶の船長などが交付する「船荷証券（Bill of Lading＝B／L）」を受け取ります。⑥輸出者はL／CとB／Lや保険証書

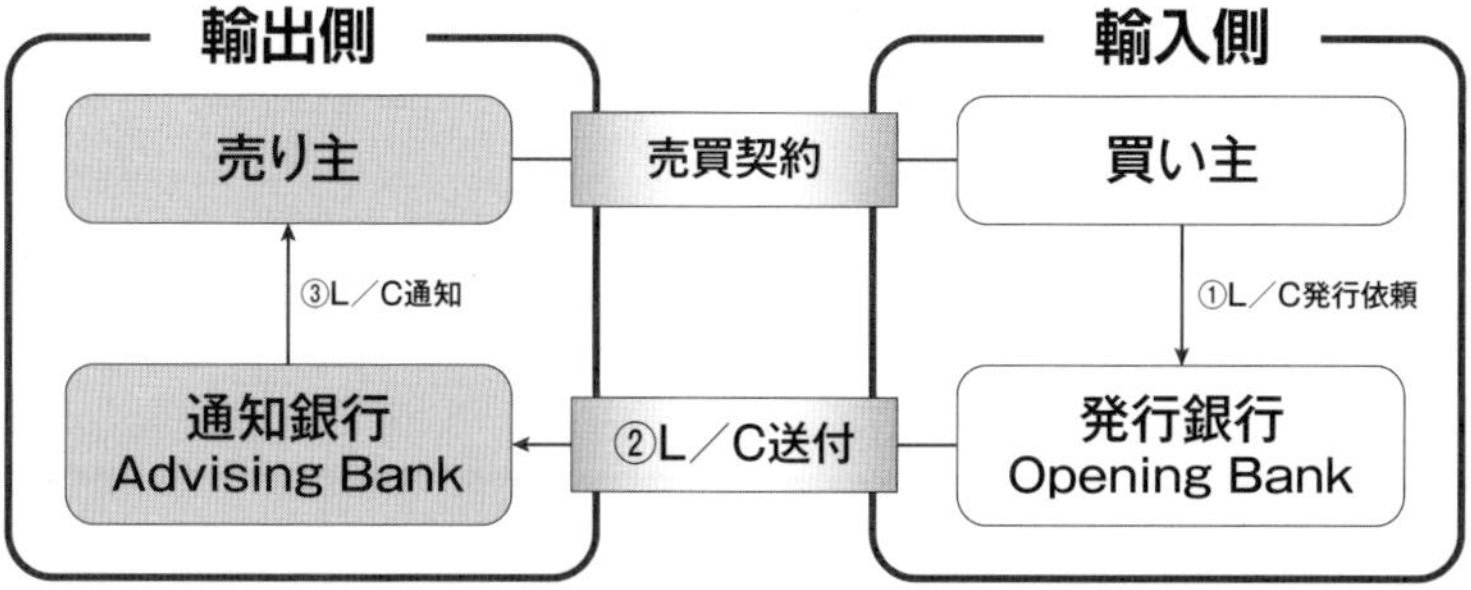

L／Cによる決済のプロセス（L／C発行から通知）

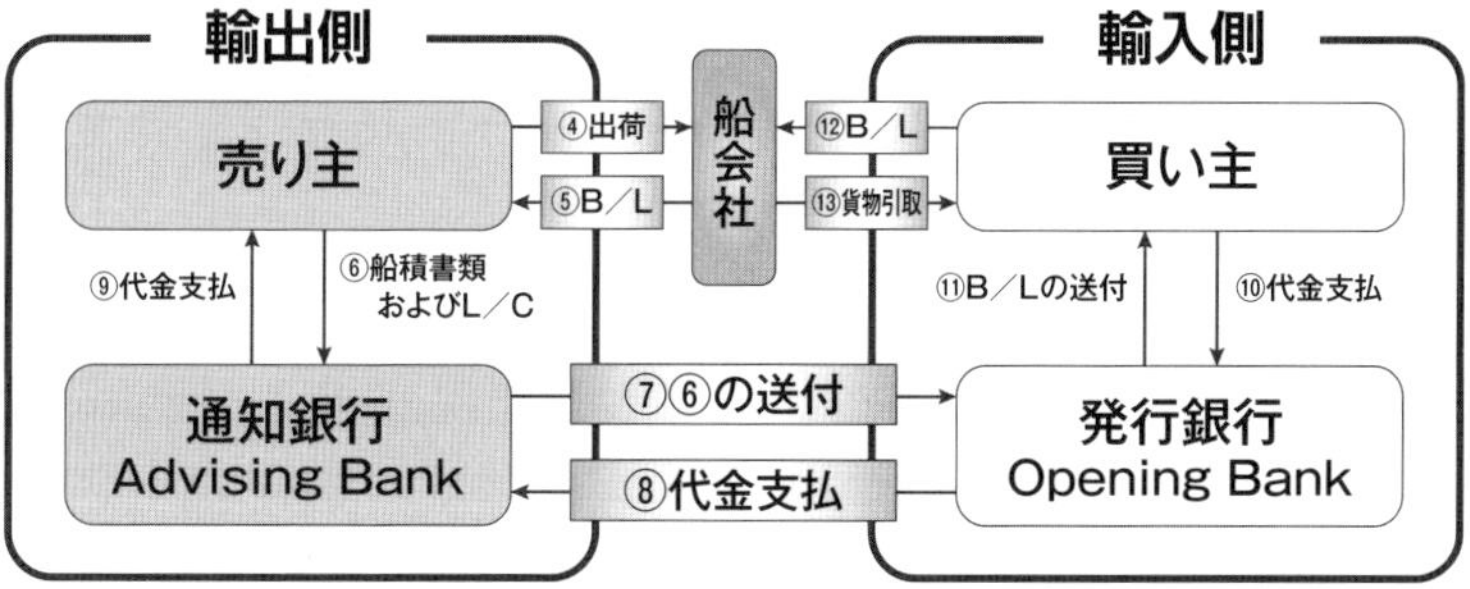

L／Cによる決済のプロセス（出荷から決済まで）

などの船積書類を自社の取引銀行に持ち込み、⑦輸出側の銀行は書類一式をL／C発行銀行へ送付します。⑧L／C発行銀行から輸出側の銀行へ代金が支払われ、⑨輸出者へ代金が支払われます。⑩輸入者はL／C発行銀行へ代金を支払い、⑪B／Lを受け取ります。⑫輸入者はB／Lと引き換えに、⑬港で貨物を引き取ります。

以上がL／Cによる決済で、輸出者は代金回収を、輸入者は商品入手を確実に行うことが出来ます。輸出者、輸入者の双方にL／Cの発行手数料など若干の費用が発生しますが、リスクと比較したら安いものです。

長年の取引があって相手を信用している、あるいは海外の子会社や現地法人など自社のグループ会社へ輸出する場合は、このような面倒な手続きは行いません。送金など手軽な手段を用います。

50 国を守る通関の役割

輸出入品の法令順守と関税をチェック

通関とは、国内諸法令の下で、国（税関）が物品の輸出入をチェックし、場合によってその輸出入を禁止・制限したりすることです。日本では麻薬や拳銃などが輸入禁止品ですから、これらのものを一般人が輸入しないかをチェックしています。絶滅の危機にある動植物の売買を禁止する「ワシントン条約」に抵触するものが輸入されないかなども、チェックの対象です。輸入禁止でなくとも、輸入数量に制限のあるものは、その制限以内の輸入なのかも見ています。輸出する場合も同様で、輸出禁止のものや輸出制限があるものが違法に輸出されないかをチェックしています。

また、輸出入に関して検査や許可が必要なものは、規定通りの許認可が取得されているかを確認します。例えば、動植物を輸出入する場合は植物防疫法や家畜伝染病予防法に則っているかなど、法律やルールを順守して輸出入されているかをチェックしています。

もう一つ、通関の重要な役割は、国家の財産や利益が不当に海外に持ち出されていないかを確認することです。例えば、本来１００万円の価値のあるものを10万円で輸出した場合、輸出した会社だけでなく、本来得られたはずの利益分からの法人税などを得られなかった国家にも損害が及びます。日本の法人税から逃れるために、海外の子会社に不当に安価に輸出し、海外子会社が大幅な利益を得るというような場合は利益操作に該当します。適正な価格や価値で輸出入されているかも税関は確認しているのです。

まとめると、物品の輸出入が諸法令の規定に適合しているかどうかを確認するのが通関です。このため、すべての輸出入貨物は税関に申告し、許可を受けることが義務付けられており、この申告から許可までの一連の手続きを通関手続きと言います。新聞やテレビで、「昨年の自動車の輸出台数は◯百万台です…」などと報じられるのを見聞きしたことがあると思います。これはすべての輸出入の貨物が税関で申告され、そのデータが管理されているからできることなのです。

企業間取引（B to B）ばかりでなく、企業－消費者間（B to C）や消費者間

関税徴収
すべての輸出入貨物は税関に申告が義務付けられている

（C to C）でも税関申告は必要です。例えば、海外の通販会社から衣類を個人輸入する、留学している子供に生活用品を送るといった場合も当該貨物を通関しなければなりません。ただし、少額貨物の場合は簡易通関で済ますことも可能です。

通関には関税を確実に徴収するという役割もあります。関税とは、国境を越えて取引される商品や製品に課せられる税金で、輸出の場合は輸出税、輸入の場合は輸入税です。海外旅行でたばこを土産に買ってきた場合、1人200本までは免税（税を免除される）ですが、それを超えると1本あたり11円の関税を支払わなければなりません。海外旅行のお土産に300本のたばこを購入してきたのに、200本と偽った申告をして税金を逃れたら脱税です。この関税を高くすることによって輸入品を増やさない（国内産業の保護）、関税を低くすることで輸入を促進するなど、関税による貿易・通商政策が可能となります。

51

輸出入に関連する各種法令

国内法と貿易相手国の法令、国際条約が関係

関税関係法令により、輸出入は通常、税関長の許可を得なければなりません。また、国内の諸法令により輸出入はさまざまな規制を受けます。ここでどのような法令があるのか確認しましょう。

例えば、関税法では「輸入してはならない貨物」を挙げています。①麻薬および向精神薬、大麻、あへん、けしがら、覚せい剤等 ②けん銃、小銃、機関銃、砲および銃砲弾並びにけん銃部品 ③爆発物 ④火薬類 ⑤化学兵器製造用の化学物質 ⑥生物テロに使用される恐れのある病原体 ⑦通貨又は有価証券の偽造品、変造品および模造品ならびに偽造クレジットカード ⑧公安又は風俗を害すべき書類、図画、彫刻物 ⑨児童ポルノ ⑩特許権、実用新案権、意匠権、商標権、著作権、著作隣接権、回路配置利用権又は育成者権を侵害する物品 ⑪不正競争防止法違反物品、知的財産権侵害物品（偽ブランド品等）――です。

「輸出してはならない貨物」としては、①麻薬および向精神薬、大麻、あへん、けしがら、覚せい剤等 ②児童ポルノ ③特許権、実用新案権、意匠権、商標権、著作権、著作隣接権、回路配置利用権又は育成者権を侵害する物品 ④不正競争防止法違反物品――が挙げられます。

関税法以外では、食品の安全や衛生に関する食品衛生法、動植物の病原菌などに関する家畜伝染病予防法や植物防疫法、医薬品等に関する薬事法などがあります。

輸入の際は国内法、輸出の際は国内法と輸入国側の法令に準拠しているか確認しなければなりません。商品そのものだけでなく、梱包資材についても輸入国側での規制があるので注意が必要です。例えば、木製パレットや木枠梱包材は、薫蒸・熱・薬剤による処理をしていなければ輸入できない国があります。こうした法令は変わることがあるので、注意が必要です。

国際間の取り決めにより、輸出入を禁止、あるいは制限している場合もあります。例えば、絶滅の危機に瀕する動植物の取引を規制する「ワシントン条約」、有害廃棄物を法規制の緩やかな国へ移動することを制限する「バー

有害廃棄物

タイマイ（べっ甲）

象牙

ゼル条約」などです。

その他、税関への申請に先だって、主務官庁の許可や承認等を受けなければならないことがあります。輸出許可が必要な貨物は、戦略物資と呼ばれる武器、あるいはそれらの部品となるような製品などです。

輸入に関して許認可が必要なものは、米・麦など（主要食糧の需給及び価格の安定に関する法律）、銃砲刀剣類など（銃砲刀剣類所持等取締法）、火薬・爆薬・花火など（火薬類取締法）、食品・添加物・食器・おもちゃ等（食品衛生法）、苗木・種子・植物など（植物防疫法）、動物・馬等畜産物（家畜伝染病予防法）が挙げられます。これら以外にも外為法（外国為替および外国貿易法）などが輸出入には適用されます。

輸出入に関する法令違反があれば、取引が滞るばかりか罰則が科されることもあり、自社の信用に著しい傷がつくことになります。そうしたことを防ぐために、国際物流業務の経験が豊富な物流会社の担当者や通関士に事前に相談することも有効です。

税関の密輸撲滅キャンペーン活動

第7章

グローバルロジスティクスの展望と課題

52 ヨーロッパの物流事情

環境負荷、労働負荷の軽減と物流標準化を推進

ヨーロッパの物流の特徴は環境負荷軽減、労働負荷軽減、標準化という考え方が現場まで行きとどいていることであり、日本の物流にとって参考になることがたくさんあります。また、市場では「フォワーダー」という業態（第45項「国際物流の輸送モード」参照）が大きな力を持っているのが日本との違いと言えるでしょう。

まずヨーロッパの物流現場の三つの特徴について、説明します。

〈環境負荷軽減〉 大気汚染による酸性雨が引き起こす森林破壊などが深刻な問題になり、日本やアメリカなどよりも早くから環境負荷軽減や環境保全が進んだため、鉄道貨物輸送、船舶貨物輸送など環境に優しい輸送手段が多く使われています。トラックにも「クリーンディーゼル」と呼ばれるNO_X（窒素酸化物）の排出量が少ないエンジンが使用されています。

また、日本のトラックはアルミボディーが多いのですが、ヨーロッパではキャンバスシートのトラックをよく見かけます。重量のあるアルミではなく、ヨットの帆に使う布地で荷台を覆って車両の自重を軽くし、道路や環境への負荷を軽減しているのです。

〈労働負荷軽減〉 労働力人口の減少対策と作業者の肉体的負荷の軽減という観点から、物流現場の機械化が行われており、重量物などの荷役では荷役を補助する物流機器の導入、台車などの軽量化が進んでいます。作業者の足元にマットレスを敷いて寒さと足の疲れを緩和するなど、作業環境の向上にも取り組んでいます。

労働力人口の減少対策としては、短時間労働社員の雇用などが挙げられます。フルタイムの従業員の労働時間は月160時間（週40時間、1日8時間）ですが、働く側のニーズに応じて120時間、100時間といった労働時間を設定し、働きやすい環境を整えているのです。もちろん時間あたりの給与は雇用形態に関係なく、同一労働・同一賃金の原則が守られています。

〈標準化〉 多くの国が大陸の中で国境を接しているヨーロッパでは国境を越えた取引が盛んなこともあり、さまざまな規格の標準化に非常に熱心です。例えばパレットは「ユーロパレット」

トレーラー牽引、キャンバスシートのトラック

陸上輸送で使われるダブルデッカーのトラック。普通のトラックより車高が高い

（１２００ミリ×８００ミリ）が広く普及しています。パレットを標準化することで一貫輸送が可能になり、出発地や到着地では段ボールケースを一つ一つ降ろさなくても、フォークリフトで一気に積み降ろしができます。荷役作業の短縮と労働負荷の軽減という意味でも、標準化のメリットは大きいのです。同様に、外装の段ボールやプラスチックコンテナの大きさは、パレットの寸法に合わせてぴったり積載できるよう設計するのが合理的です。

多くの国境があるという地理的条件は、フォワーダーが発展する土壌にもなりました。内陸部まで複数の輸送手段を組み合わせて貨物を輸送しなければならないのに加え、ＥＵの発足によって単一市場が形成される以前は通関手続きが煩雑だったことも要因です。フォワーダーは輸送手段は保有しませんが、荷主と実運送事業者との中間の立場で、貿易書類の作成や通関業務、多様な輸送ルートの構築と手配、保管や在庫管理などの物流サービスを提供します。旅行の際にホテルや航空券の予約を代行してくれる旅行代理店のような存在です。

さて、今後のヨーロッパの物流で注目すべきことは、イギリスのＥＵ離脱によるヨーロッパの物流面の混乱です。イギリスがＥＵから離脱すると、イギリスとフランスやドイツなどＥＵ諸国との物流には通関が必要になり、産業界に大きな影響が予想されます。２０１６年６月に国民投票でＥＵ離脱を決定してから、幾度も離脱期限が延長されているのは、これらの混乱を最小限に抑える必要があるからでしょう。

53

中国の物流事情

圧倒的な貨物量を誇るも、コストと品質に課題

経済発展著しい中国では、物流もダイナミックに変化しています。海上コンテナ取扱量の世界トップ10の港のうち、7港は中国の港（上海、寧波、深圳、広州、香港、青島、天津）です。東京、横浜、神戸、名古屋、大阪の日本の5大港の取扱量を足しても上海の半分にもなりません（2018年実績）。

中国の高速道路の総延長は14万2600キロメートル（2018年時点）で、アメリカ（インターステート高速道路約7万7000キロメートル、その他高速道路約3万キロメートルの合計約10万7000キロメートル、2017年時点）を抜いて世界最長です。宅配便の取扱量も急激に伸びており、年間約500億個（2018年）と日本の約42億個の約10倍以上で、世界一になっています。

中国の物流業界は、不動産会社が大規模な倉庫を次々と建設したり、商社が参入するなど活発に動いています。外資企業の参入もさかんです。日本からは日本通運、日新、山九という昔からの「中国物流御三家」に加えて、主要物流会社や住友商事、伊藤忠商事といった商社が現地法人や現地物流会社との提携によって物流事業を展開しています。

ただ、中国の総物流費は約11兆元で、GDPに占める物流コストの割合は約15％に達しています（2016年実績）。ちなみに日本やアメリカは8％前後ですから、先進国と比較すると高い割合となっています。中国の物流機能別構成比率は輸送費が54％、保管費が33％、物流管理費が13％です。

中国における物流の課題として、一番の問題は人件費の上昇です。年間約10～15％のペースで上昇しているので、単純計算すると5年後の人件費は現在の2倍になるということになり、労働集約型の物流業においては致命的な問題と言えるでしょう。また、ガソリンなどの燃料費も上昇しています。しかしながら、運賃はここ数年横ばいです。そのためかどうかはわかりませんが、過積載のトラックを見かけることが時々あります。IT化や業務の標準化の遅れも物流費が高い要因になっています。

それでも、物流人材の大学教育は凄

中国宅配便取扱個数の推移

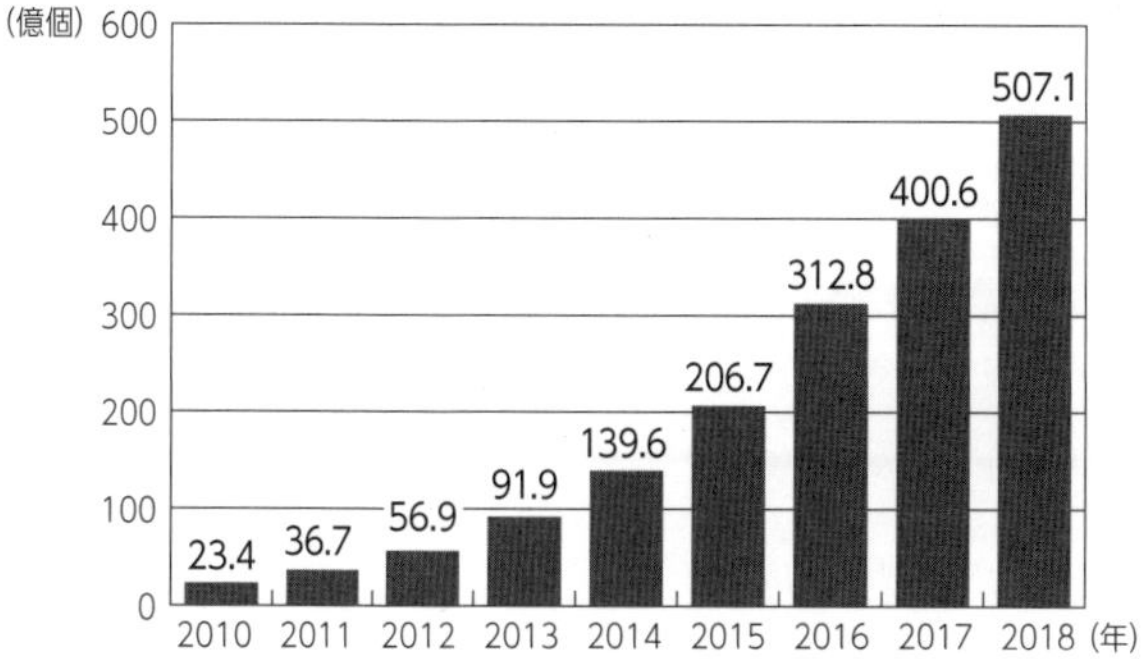

出典：『2018年中国宅配発展指数報告』中国宅配協会

中国の総物流コストと対GDP比率の推移

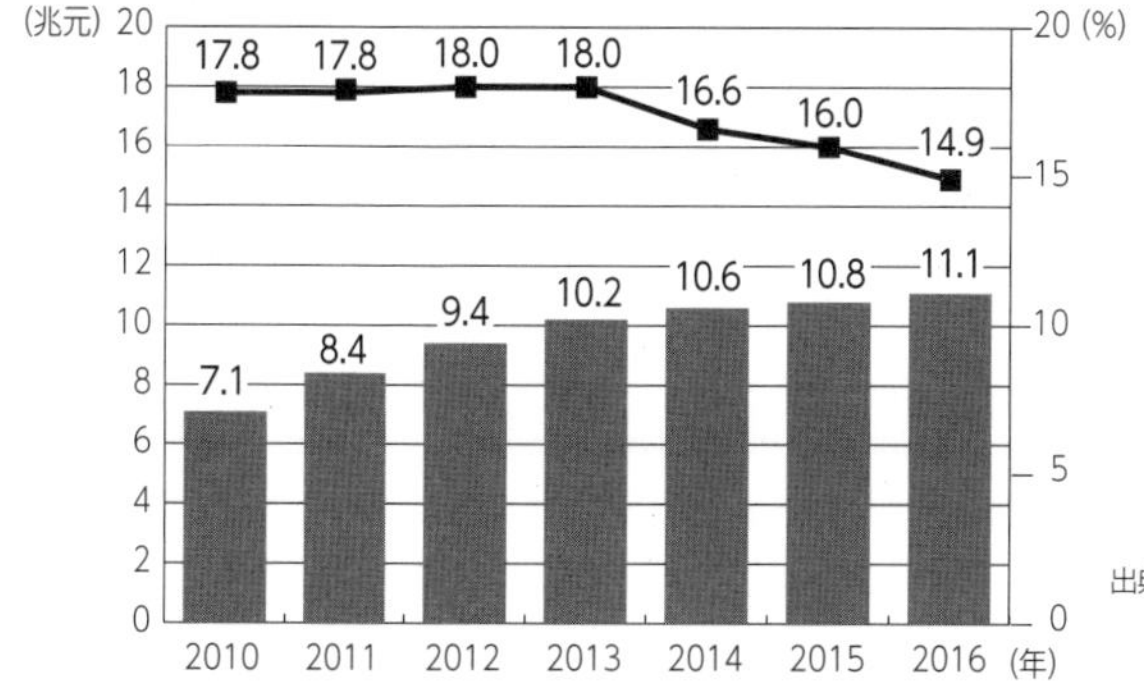

出典：『物流コスト実態調査報告書』公益社団法人日本ロジスティクスシステム協会

まじい勢いで広がっています。物流を専門に学べる学科は、2002年には全国でも物流管理（経営学系）が7学科、物流工程（経営工学系）が2学科と計9学科しかなかったのが、2017年時点では物流管理が495学科、物流工程が120学科の計615学科が存在し、約18万人の学生が在籍しています。

高等教育が発展しているのに対し、現場作業員や現場管理者の教育は遅々として進んでいないようです。もちろん日系、欧米系などの外資系物流会社は自国の情報システムや管理手法、教育体系を導入しています。現地のベンチャー物流企業も物流を「運ぶだけ、保管荷役するだけ」といった従来型の労務提供ではなく「サービス業」としてきちんと捉え、現場作業員の教育に力を入れています。しかし、こうした少数の例外を除けば、中国の物流業にとっては今後どのようにして現場のレベルを上げていくかが重要な課題です。

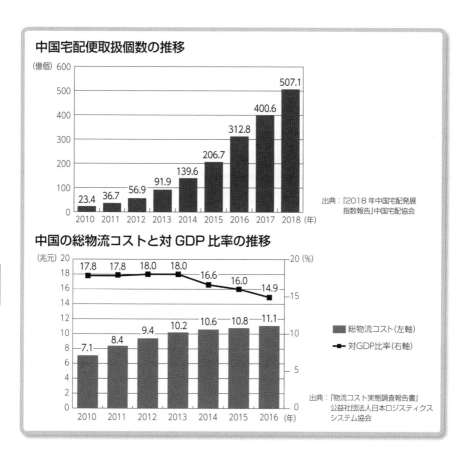

54 アジアの物流事情

物流ハブの構築と域内物流の活発化

国際貨物輸送の視点からみると、アジアの物流は韓国や中国・香港、シンガポールの港湾と空港を中心に動いています。というと、読者のみなさんは違和感を覚えるかもしれません。しかし、膨大な輸出入貨物のある中国を除けば、海上コンテナの取扱量ではシンガポール港は世界第2位、韓国の釜山港は第6位、香港は第7位です。例えば韓国と日本の経済規模を比較すると、GDP（国内総生産）では日本は韓国の約3倍、人口では約2・5倍なのですが、主要な港や空港の貨物取扱量は韓国のほうが大きいのです。

これは韓国、台湾、シンガポール、香港の港や空港で取り扱う貨物には、自国の輸出入貨物以外にトランシップ（航空輸送ではトランジット）貨物が多く含まれているためです。トランシップ貨物とは通過貨物のことで、積み出し港から荷揚げ港に輸送される途中に第三国を経由する貨物のことを言います。アジア各国から輸出される貨物はいったんシンガポールや香港に送られ、そこで大型船に積み替えられヨーロッパやアメリカなどの各国へ輸出されます。輸入はその逆の流れです。

このような輸送の形態は「ハブ・アンド・スポーク・システム」と呼ばれており、自転車の車輪の中心部（ハブ）を軸に放射状に輪をつなぐ細い棒（スポーク）のように、大都市のハブとハブの間は大量輸送し、ハブで貨物を積み替え、目的地別に積み合わせて輸送するのです。韓国、台湾、シンガポール、香港は国際物流を国の産業の一つとして位置付け、アジアの物流ハブとして周辺国から貨物を集めるために、さまざまな施策をとって利便性を高めています。

アジア域内の物流に目を向けると、注目されるのはASEANです。日系をはじめ先進国の企業が多く進出し、どんどん事業を拡大しています。なかでもタイは自動車の生産がさかんで、自動車メーカーと部品メーカーが集まっています。またベトナムは人件費の安さと勤勉で器用な国民性によってアパレルや二輪車、電気機器メーカーなどを呼び込んでいます。

最近では企業がASEAN各国での生産を増やすのに伴い、ASEAN域

世界の港湾の海上コンテナ取扱量ランキング（2018年）

	港	取扱量（年間、TEU）
1	上海	42,010,000
2	シンガポール	36,600,000
3	寧波	26,350,000
4	深圳	25,740,000
5	広州	21,870,000
6	釜山	21,660,000
7	香港	19,600,000
8	青島	19,320,000
9	天津	16,010,000
10	ドバイ	14,950,000

（アルファライナー資料を基に海事プレス社作成）

世界の空港の航空貨物取扱量ランキング（2018年）

	空港	取扱量（年間、トン）
1	香港	5,017,631
2	上海・浦東	2,915,502
3	仁川	2,857,845
4	ドバイ(DXB)	2,641,383
5	台北・桃園	2,305,209
6	成田	2,198,012
7	ドーハ	2,163,544
8	シンガポール	2,154,900
9	フランクフルト	2,044,740
10	アンカレジ	1,991,512

（国際貨物のみの速報値。国際空港評議会資料より）

日本の5大港の海上コンテナ取扱量（2018年）

	港	取扱量（年間、TEU）
1	東京	5,107,528
2	横浜	3,035,831
3	神戸	2,944,115
4	名古屋	2,876,263
5	大阪	2,413,002
	計	16,376,739

（外内貿合計値、各港湾管理者発表資料などから海事プレス社集計）

TEU=Twenty-Foot Equivalent Unitの略。20フィートコンテナ1個を1として計算する単位

内での部品・製品のやりとりが増加しています。例えば、ベトナムのハノイで生産された部品をタイのバンコクの工場へ輸送し、そこで完成品に組み立てるといった物流が増えています。

これらの貨物は主に海上輸送されていますが、陸上で国境を越えてトラック輸送するクロスボーダー輸送もさかんになってきました。ハノイ－バンコク間を海上輸送すると15日前後かかりますが、クロスボーダー輸送では4～5日間と輸送時間を3分の1程度に短縮できるのがメリットです。ただし、現状では各国の通関事情の違いや法規制のために、トラックが自由に他国を走行することは認められていません。そのため、国境で荷物を積み替える作業が発生します。

2015年末に、ASEAN加盟国間の関税を撤廃しヒト・モノ・カネの動きの自由化を目指す「アセアン経済共同体（AEC）」が発足しました。今後は域内の高速道路網の整備や越境交通協定の改正が期待されます。そうすると、ヨーロッパのEUのように国境を越えたトラックの走行が可能になり、クロスボーダー輸送はますます増加するでしょう。

55 アメリカの物流事情

ロジスティクスの先進国、セキュリティーを強化

アメリカは世界第1位の経済大国です。ビジネス・ロジスティクスの発祥の地であり、日本がロジスティクスや物流を学んだ国でもあります。

アメリカの物流について、マクロの視点から見てみます。GDPに占める物流コストは7・6%で、日本は9・1%です（いずれも2016年実績）。一方、売上高物流コスト比率は、アメリカは9・56%（2015年実績、米国ミクロ物流調査は2016年以降の数値公表を取りやめている）、日本は4・95%です（2018年度実績）。アメリカの売上高物流コスト比率のほうが約4・6ポイント高いから、日本の物流は効率化が進んでいると思われるかもしれません。しかし、ここは少し説明が必要です。

一つ目は、国土の大きさの違いです。アメリカは日本の25倍以上の国土面積を持ちます。二つ目は、流通形態が異なります。日本では、メーカーから卸売業、二次卸、小売業というように流通経路が多段階にわたります。一方アメリカでは、メーカーと小売業が直接取引している割合が約半分です。個別企業の物流は日本の方が効率的かもしれませんが、サプライチェーン全体でみると、日本の流通コストは高いと考えられています。

三つ目は物流コストの費目の違いです。日本の物流コストは輸送費、保管費、荷役費、包装費、管理費という項目ですが、アメリカではこれらに加え、在庫維持費（Inventory Carrying Cost）と受注管理費（Order Entry/Customer Service）が含まれます。第4項「ロジスティクスの役割」で触れたように、年間の在庫維持費は在庫金額の20~30%かかると言われているため、その分のコストがプラスされるわけです。ですから、日本とアメリカの物流のどちらが効率的かは一概には言えないのです。

国際物流での特徴としてはセキュリティーの強化が挙げられます。アメリカは2001年9月11日に発生した同時多発テロ事件を契機に、テロリストによる大量破壊兵器などの密輸防止を目的としてさまざまなセキュリティー強化策をとるようになりました。セキュリティー面のコンプライアンス

（写真提供：カナダ太平洋鉄道）
北米では鉄道輸送が発達している

（法令順守）に優れた輸入者に対して税関検査で優遇措置を与える「C－TPAT（Custom-Trade Partnership Against Terrorism）」というプログラムを2002年4月に実施して以降、アメリカ向けの輸出貨物の積み荷情報を船積み24時間前（航空貨物は到着4時間前）までに米国税関へ提出することを義務付けた「24時間ルール」などを導入しており、EUや日本など他国にも同様の措置が広がっています。事前に貨物の情報を得てリスクを分析する時間と手間は図り知れませんが、平和と安全を維持するためには必要なことです。

　アメリカ国内の物流に目を向けてみましょう。2016年の国内の総輸送量は約177億トンで、日本の約3・7倍です。輸送モード別にみると、トラック貨物輸送が約63%、鉄道貨物輸送が約9%です。アメリカらしいところでは、原油等のパイプライン輸送が約16%も占めています。輸送重量と距離をかけたトンマイルベース（日本のトンキロに相当）および輸送重量では、輸送距離が750マイル（約1200キロメートル）を超えると、鉄道貨物輸送が首位を占めます。日本におけるトンキロベースでの鉄道貨物輸送の比率は5%程度ですが、国土の広いアメリカでは大量の貨物を安価で長距離輸送できる鉄道のメリットが大きいため、鉄道貨物輸送が発達しました。海上コンテナを内陸輸送すると、貨物列車1台の輸送量はトラック280台分にもなります。

　アメリカの物流で今後注目されるのは、シェアリング・エコノミーの物流版です。民泊のAirbnb（エアービーアンドビー）やライドシェアのUber（ウーバー）など、空きスペースや空き時間を有効活用するシェアリング・エコノミーはご承知のとおりです。この物流版としてアマゾンやインスタカートなどでは、会社員や学生、主婦などに空き時間を登録してもらい、宅配を委託しています。

56

自由貿易と保護貿易

立場の違いを超え、円滑で公平な貿易を実現へ

「自由貿易」とは、「自由」という言葉の印象から、法律による輸出入の規制がなく、麻薬でも武器でも何でも自由に貿易ができると思われた読者がいるかもしれません。しかし「自由」といっても、安全・衛生・公序良俗の維持を脅かすなど、輸出入が禁止・制限されているものを勝手に輸出入しても良いということではありません。

自由貿易の対になる「保護貿易」を理解すると、本来の意味がわかりやすいです。保護貿易とは、「国内産業の保護・育成を目的に、国家が対外貿易に統制を加え、保護関税や非関税障壁により、輸入に制限を課する貿易政策」のことです。つまり、海外から安価なものが大量に輸入されないよう高率の関税をかけるなど、輸入量を制限することで国内産業を保護する政策に基づいた貿易です。一方の自由貿易とは「関税賦課・為替管理、輸出奨励金などの規制、および保護・奨励を加えない貿易」のことを言います。

自国からの輸出は自由貿易が望ましく、輸入は保護貿易が望ましいという身勝手な思いが各国にはあります。日本を例にとると、重要な輸出品である自動車や電子部品などは、相手国側の保護貿易により輸入制限や高い関税率を設けられては困ります。一方、相手国から日本のものより安価な農作物などの市場開放を求められると、国内農家の保護のために輸入量を制限したり関税率を引き上げようとします。

こんなことでは紛争が絶えないため、①自分たちの経済圏では仲良くしよう②国際的なルールや組織を作ってみんなでうまく自由貿易を推進しよう――という二つの動きが発生しました。

①は、いわゆるブロック経済と言われるもので、NAFTA（北米自由貿易協定）やEFTA（欧州自由貿易連合）、ASEAN（東南アジア諸国連合）自由貿易地域、いま話題のTPP（環太平洋パートナーシップ協定、第58項「TPPとは何か」参照）がそうです。全世界に向けて自由貿易化することは難しくても、同じ経済圏の近隣諸国とだけは自由貿易にしようという取り組みです。ブロック経済の対象地域内は自由貿易、地域外は保護貿易と言えます。

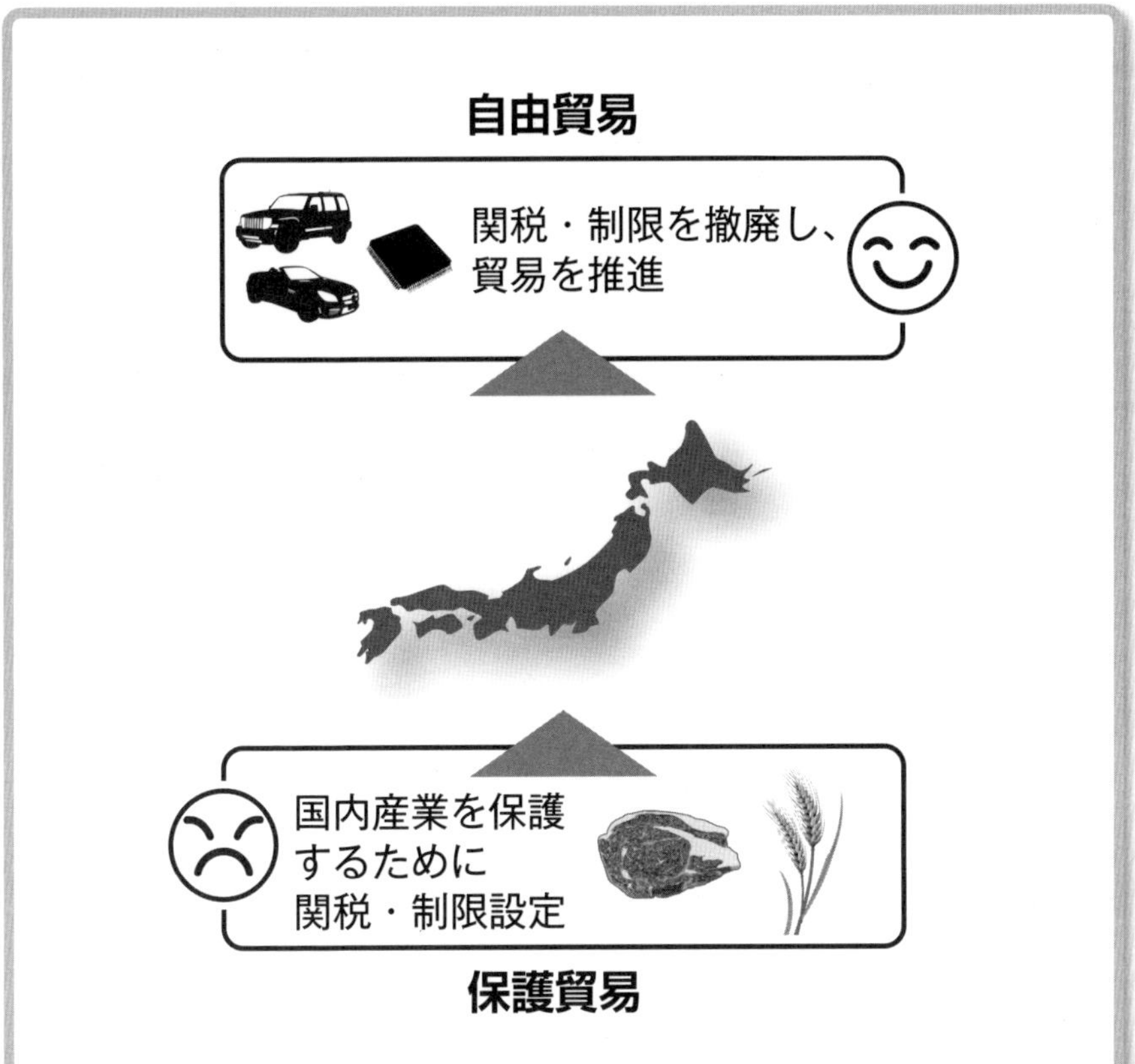

自由貿易と保護貿易は相反する概念

②は、WTO（世界貿易機関）です。1948年にGATT（関税と貿易に関する一般協定）が発効しましたが、GATTは協定であり機関ではないため拘束力が弱く、各国が必ずしも取り決めを守るとは限りませんでした。そこで、法的根拠のある国際機関として1995年にWTOが発足しました。WTOは貿易や投資などの国際取引を自由化し、効率的な国際分業を実現するためのルールや組織を作ります。加盟国はそのルールを守って円滑で公平な貿易を目指すという枠組みです。

自由貿易が良いか、保護貿易が良いか、これは学者でも意見が分かれるところです。自国にとって、どのような貿易政策が好ましいかを考えることが重要です。

57 通商政策とＦＴＡ

グローバル化の中でＦＴＡは避けて通れない

自由貿易協定（Free Trade Agreement＝ＦＴＡ）とは、二カ国以上の国や地域が、相互に関税や量的制限などの貿易障壁を撤廃あるいは削減し、自由に貿易を行うことを定めた協定のことです。アメリカ、カナダ、メキシコによるＮＡＦＴＡ（北米自由貿易協定）、東南アジアにおけるＡＳＥＡＮ（東南アジア諸国連合）自由貿易地域などの地理的なつながりで構成されているもの、アメリカと韓国のＦＴＡのように二国間で構成されているものがあります。

同様のものに経済連携協定（Economic Partnership Agreement＝ＥＰＡ）がありますが、ＦＴＡは一般的に物品やサービス分野の貿易協定で、ＥＰＡはそれに加えて投資や政府調達、人の移動の自由化・円滑化など幅広い分野を含みます。例えば、インドネシア人の看護師が日本で就労するための枠組みなどです。本項では便宜上、ＥＰＡも含めてＦＴＡと表現します。

ＦＴＡの歴史は古いものではありません。ＥＵ（欧州連合）の起源であるＥＥＣ（欧州経済共同体）の設立は１９５０年代後半です。その後、１９８０年代から90年代にかけてアメリカや中南米の地域で、２０００年代にはアジアでＦＴＡの締結がさかんになっています。それ以前はどうなっていたかというと、欧米列強がアジアやアフリカなどを植民地支配するか、不平等条約を力ずくで結んでいました。

通商・貿易問題が戦争を引き起こすこともあります。１８４０年代初頭の清国とイギリスのアヘン戦争は貿易の不均衡が原因です。当時、茶や絹織物などが清国からイギリスへ大量に輸出されていましたが、清国側はイギリスから欲しいものがなく、イギリスでは輸入超過になり金銀が清国へ流出しました。それを抑えるためにイギリスは清国へアヘンを輸出しましたが、アヘン中毒者が増加したため、清国が輸入を禁止したところ、イギリスと戦争が勃発したのです。このイギリスの通商政策は、現代に生きる私たちからすると非人道的な行為と思われますが、当時は清国への金銀の流出を防ぐために行われました。

このように通商政策や貿易政策は、

グローバル化が進み、世界の貿易量は増加している（写真は横浜港）

国のあり方を考える上で、とても重要なことです。国の近代化や工業化の歴史を見ると、多くの国では繊維・アパレル、雑貨などの軽工業からスタートし、重化学工業へ移行した後、自動車やハイテク産業にシフトしていきます。40年前の日本の主要輸出品目は繊維でしたが、今ではほんのわずかです。その代わり、当時は少なかった自動車や電子部品などの輸出の割合が大きくなっています。

　工業化が進んだ先進諸国では、軽工業の製品は発展途上国から輸入した方が安価でメリットがあるため、関税を高くすることはありません。日本で販売されているアパレル品の90％は海外からの輸入品です。

　一方、工業化を目指す国は海外から輸入される高品質で低価格の工業製品に高い関税をかけて流入を防ぎ、国内産業を育成・保護する政策を取ります。例えば、自動車生産はさまざまな技術の集積ですから、国産の自動車メーカーを育成することは長期的な国家戦略です。そのため、輸入自動車には高率の関税をかけて国内の自動車産業を育成しようとします。

　関税以外にも貿易障壁はあります。非関税措置（Non－Tariff Measures＝NTM）と言われるものです。例えば、輸入数量の制限、表示（ラベル）や品質検査の規制などです。また、間接的ではありますが、「通関の所要時間が長い」、「物流インフラが整備されていないため国内輸送に時間がかかる」なども広い意味では輸入制限に当たります。ＦＴＡやＥＰＡでは関税の引き下げだけでなく、ＮＴＭの削減も重要な検討課題です。江戸時代のように鎖国するなら別ですが、経済活動のグローバル化が進むなかで、ＦＴＡやＥＰＡは避けて通れないと筆者は考えています。

58 TPPとは何か

アジア太平洋地域の経済連携協定、日本への影響は

ＴＰＰとは、Trans-Pacific Partnershipの頭文字を取ったもので、環太平洋パートナーシップ協定、あるいは環太平洋経済連携協定などと訳されます。アジア太平洋地域において貿易の高い自由化を目標としており、２００６年にニュージーランド、シンガポール、チリ、ブルネイの4カ国、その後にアメリカ、オーストラリア、ペルー、ベトナムが加わり8カ国で交渉が開始されました。日本は、参加するのに二の足を踏んでいましたが、アメリカからの強い要望で２０１１年11月に交渉参加を表明しました。

自由貿易には賛否両論あると思います。韓国では２００４年にチリとＦＴＡ（自由貿易協定）を締結する際に農業関係者の激しい抵抗がありました。工業製品の輸出国としてのメリットは大きいのですが、農産物は国際競争力が低く、海外からの安価な輸入品に押されかねないと危惧されたからです。結果的には、韓チリＦＴＡは韓国にとって自国の工業製品の輸出が伸びるとともに農業の競争力が高まったため、成功だったと言えます。韓国はその経験をもとに、アメリカと２０１２年に、ＥＵと２０１４年にＦＴＡを発効させました。

ただし、その韓国はＴＰＰに参加を表明していません。中国も同様で、東アジアの経済大国、工業先進国が参加を表明していない点が懸念されます。ＴＰＰの問題点は自由貿易の是非だけではないのです。ＴＰＰの発足当初は小国間の自由貿易協定という位置付けでしたが、アメリカが参加したことにより、環太平洋諸国の一大経済ブロックへと変貌しました。日本の立場は微妙で、アメリカを中心とした経済圏に入るか、あるいは経済発展著しい東アジアの経済圏に入るかの選択を迫られ、アメリカを中心とする経済圏を選択したと言えるでしょう。

その後、ＴＰＰにはカナダ、メキシコ、マレーシアも参加を表明し、12カ国で発足する予定でしたが、２０１７年1月にアメリカが離脱を表明しました。よって11カ国で協議し大筋合意に至り、２０１８年12月に発効しました。日本がＴＰＰに加盟した影響は、正直なところわかりません。プラス面とし

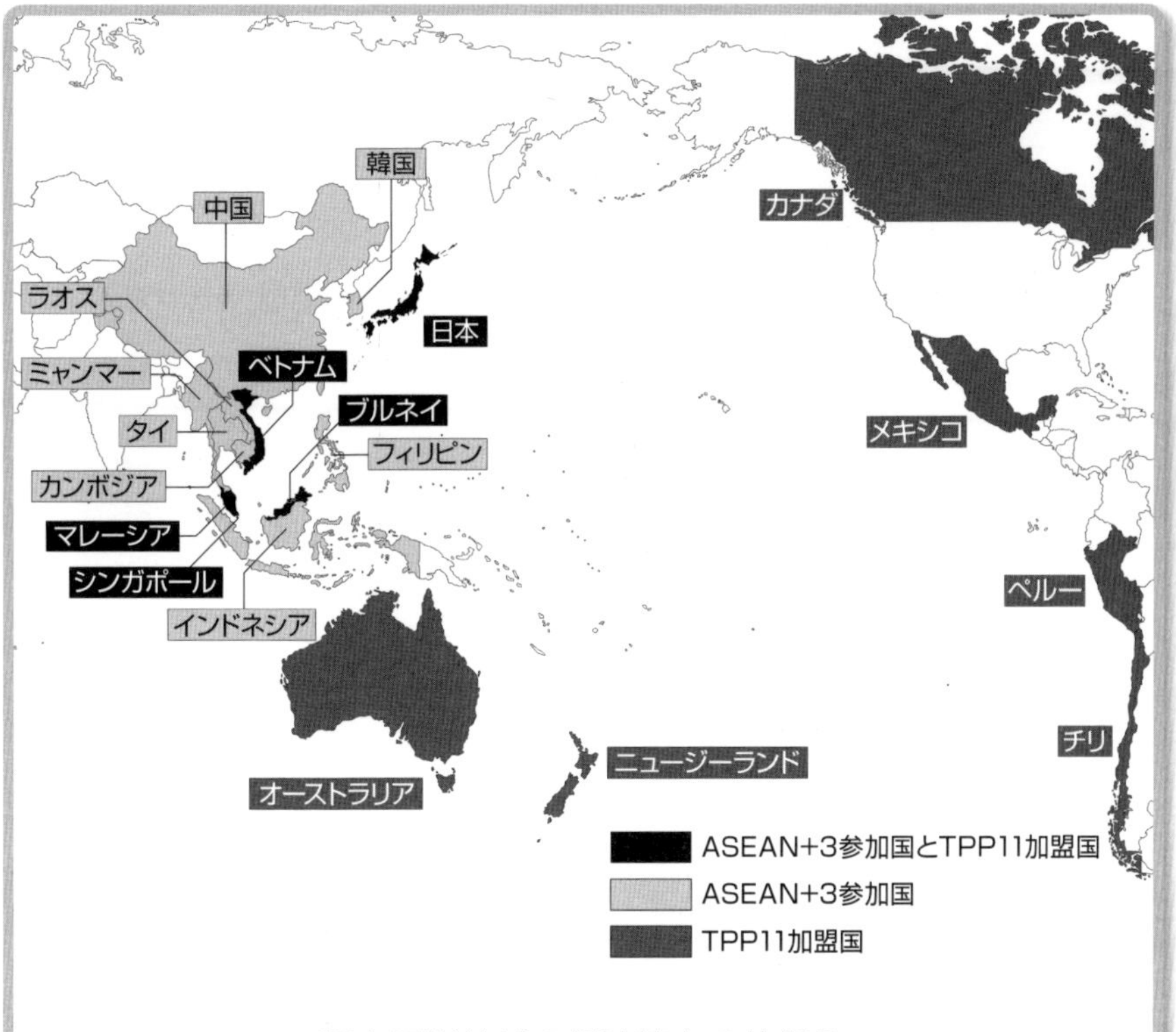

環太平洋地域の経済協力の枠組み

て日本が得意な自動車や電機製品、電子部品など工業製品の輸出が増加、マイナス面としては農林水産物の輸入増加による農林水産物の生産減少と試算されています。

物流面での具体的な影響としては、①工業製品だけでなく、高品質の農産物・畜産物・水産物の輸出が増加する　②農産物・畜産物の輸入が増加する（特に外食用や加工食品用）　③それに伴い、外装箱のサイズや表示の標準化が進む　④ＴＰＰ内の貿易の効率化・簡略化が進む――などがあるのではないでしょうか。

一方で心配なことは、①コンテナ船や海上コンテナの大型化に対応していかなければ、日本の国際物流が世界から隔絶しガラパゴス化する　②貿易の拡大や簡略化に伴い、病害虫等が増加し、農業・畜産などに影響を及ぼす――などです。

通商政策は、長期的な国家戦略です。30年後あるいは50年後、自分たちの子どもや孫の時代に、この国はどうあるべきかを本気で考えて取り組むべきでしょう。

59 これからの国際物流

人にも地球にも優しいグローバルロジスティクスへ

経済活動のグローバル化は、今後ますます進展することが予想されます。それに伴い、グローバルに行き交う貨物量も増加します。今後、増加する貨物をどのように効率的に処理していくかは大変重要なのですが、効率以外にも考慮すべき要素が物流、ロジスティクスにはいくつかあります。

第一に「安全性」です。テロなどを目的とした武器、細菌やウィルスなどの生物兵器が密輸されることがないよう、各国が協力しあってセキュリティーを強化しなければなりません。ヒアリなどが流入・拡散するリスクへの対策も必要です。

さらに、忘れてはならないのが地域の固有の動植物を保護するということです。国際物流で貨物が移動する際には、さまざまな動植物も一緒に運ばれます。貨物船が無積載で出港するとき、船が安定するように船底に重しとして海水を積み込みます。これを「バラスト水」といいます。港に寄港し貨物を積み込むとバラスト水は排出されますが、その際に海水に含まれていた水生生物も移動し生態系が乱されるといったことが起きています。その対策として、「バラスト水及び沈殿物の管制及び管理のための国際条約（バラスト水管理条約）」が２０１７年９月に発効しました。

第二に「環境性」です。温室効果ガスの排出量を削減すべく、低燃費の船舶、航空機の開発・導入が注目されています。燃料に重油ではなくＬＮＧ（液化天然ガス）を利用する船舶、金属ではなく炭素繊維で軽量化された航空機など、環境負荷を軽減する新技術が次々と登場しています。

また、国際物流ではコンテナ船などが「大型化」されています。船会社が物量の増加に対応しながらコスト効率を追求した結果、コンテナ船の最大積載量は15年ほど前まで20フィートの海上コンテナ換算で８０００ＴＥＵ程度でしたが、現在はその2倍以上の積載量のコンテナ船が登場しています。海上コンテナのサイズも、従来の20フィート（長さ約6メートル）型、40フィート（長さ約12・2メートル）型に45フィート（長さ約13・7メートル）型が加わりつつあります。日本が

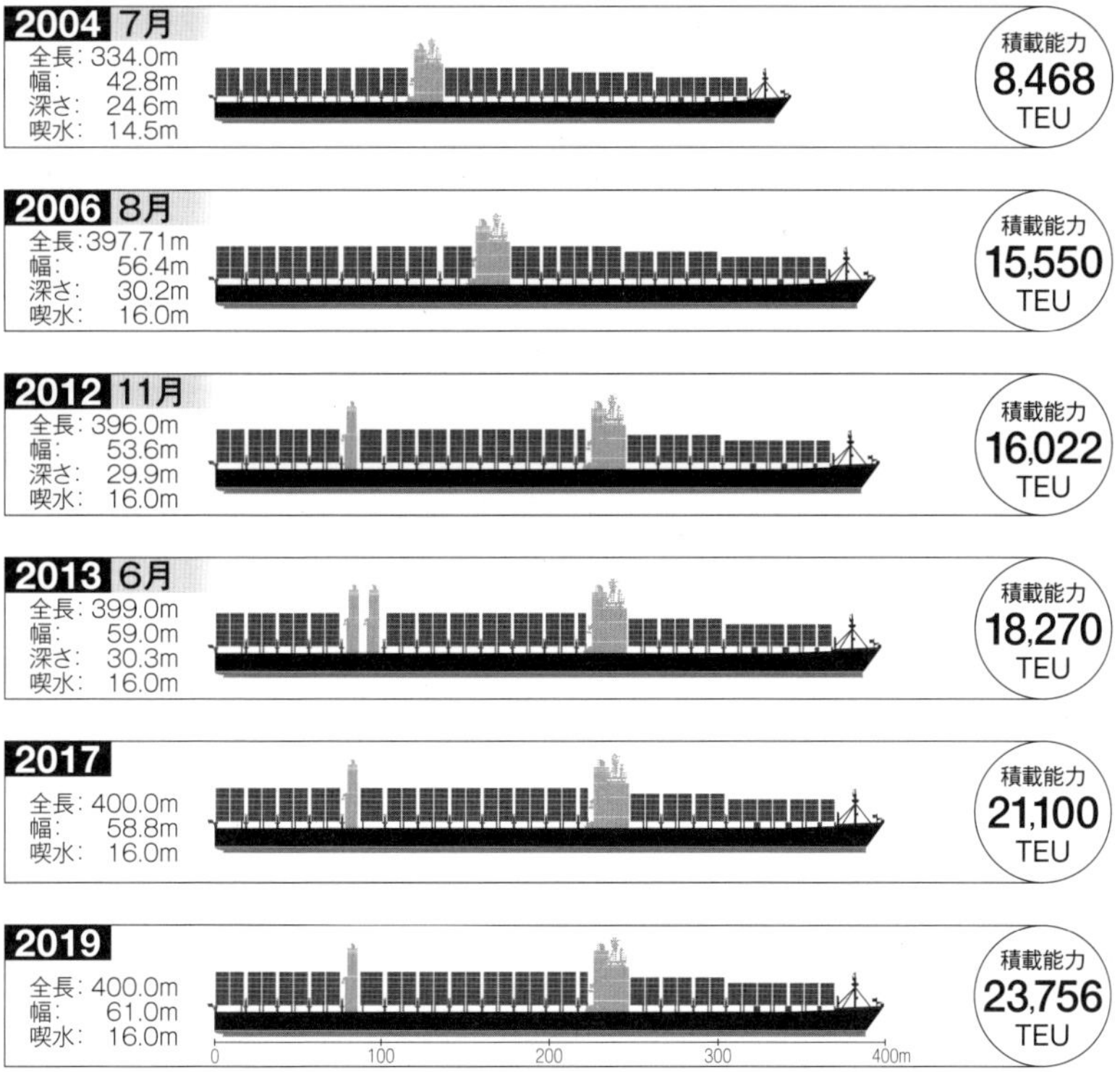

コンテナ船の「大型化」はなお続くも、勢いは鈍化

国際物流の潮流から取り残されないためには、大型コンテナ船でも入港できる水深の深い港の整備や45フィートコンテナを陸送できるような道路整備と法改正が必要です。

一方で、物流のニーズは多様化しています。例えば、「ハラル物流」です。近年はマレーシアやインドネシアなどイスラム教徒の人口が多い国々の経済発展が目覚ましく、イスラム市場として注目されています。その一つとして、イスラムの教えで禁じられている豚やアルコール由来のものが含まれていないかを専門の認証機関が判断し、認証を与えた「ハラル製品」をそれ以外の製品と分けて扱うハラル物流のニーズが高まっています。

これまでに挙げたことは一例に過ぎません。これからは幅広い知識を習得するとともに最新技術を活用して、安全・環境・人にも地球にも優しいグローバルロジスティクスを実現していきましょう。

おわりに

本書の改定版を出版する機会をいただけたことに、関係者の皆さまへ心より御礼申し上げます。うれしいことに本書は、大学の物流・ロジスティクスの授業のテキストとして、あるいは物流会社や物流子会社の新入社員研修のテキストとしてご利用いただいております。以前、物流会社、物流子会社の数社に新入社員研修の講師として講義させていただいた際に、何度かうれしいことがありました。学生時代に私の講義を聞いて物流・ロジスティクスに興味を持ち、物流会社・物流子会社に入社した新入社員があいさつに来てくれたのです。

さて、改定版の執筆時には、なぜか大学院生のときのことを良く思い出しました。旧原稿を何度も読みながら赤ペンを入れ、データや事例が古いところは更新し、あるいは書き換えが必要なところを編集者と打ち合わせして執筆したことが、まるで大学院生時代に試行錯誤しながら論文を執筆し、指導教官からアドバイスをいただきパッと目の前が明るくなったことと同じような感じでした。辛抱強くお付き合いいただいた編集担当には頭が上がりません。いまさらながら、大学院生時代に出来の悪い筆者を御指導くださいました神戸大学の得津一郎先生、東京工業大学の圓川隆夫先生に、改めて感謝申し上げます。

最後に、筆者がロジスティクスの世界に入った当初から、長年にわたり御指導いただきました河西健次先生（故人）、川口静夫先生、國領英雄先生、永田弘利先生、三木楯彦先生、三宅賢一先生、宮下國生先生、矢澤秀雄先生、物流共同化研究に導いて下さった津久井英喜先生、国内外の物流センターについて御教授頂いた鈴木準先生に感謝申し上げます。また、本書をテキストとして採用してくださいました先生、企業の方々、あるいは推薦くださいました方、そして再構成や図表の差し替え、データの収集、その他で御協力いただいた海事プレス社の皆さまに心より御礼申し上げます。

参考文献

『JISハンドブック62物流　2010』(2010年、日本規格協会)
『数字でみる物流　2018年度版』(2018年、日本物流団体連合会)
『図解　よくわかる　これからの物流改善』津久井英喜編著(2010年、同文館出版)
『物流倒産説から物流利潤説へ』「流通設計21　2005年5月号」西澤脩著(2005年、輸送経済新聞社)
『基本流通用語辞典(改訂版)』宮澤永光監修(2007年、白桃書房)
『基本ロジスティクス用語辞典(第3版)』日本ロジスティクスシステム協会監修(2009年、白桃書房)
『ロジスティクス・オペレーション2級』監修　苦瀬博仁・坂直人(2007年、社会保険研究所)
『ロジスティクス・オペレーション3級』監修　苦瀬博仁・坂直人(2007年、社会保険研究所)
『2018年度物流コスト実態調査報告書』(2019年、日本ロジスティクスシステム協会)
『日本の自動車産業』日本自動車工業会ウェブサイト　http://www.jama.or.jp/industry/
『レジャー白書2018』(2018年、日本生産性本部)
『月刊ロジスティクス・ビジネス　2012年3月号』(2012年、ライノス・パブリケーションズ)
『月刊ロジスティクス・ビジネス　2014年9月号』(2014年、ライノス・パブリケーションズ)
『月刊ロジスティクス・ビジネス　2019年9月号』(2019年、ライノス・パブリケーションズ)
『総合物流施策大綱(2013-2017)』(2013年、国土交通省)
『グリーンロジスティクスガイド』(2008年、日本ロジスティクスシステム協会)
『労働力調査』(2013年、総務省)
『通販物流』浜崎章洋他著(2013年、海事プレス社)
『2013年度通信販売売上高調査』(2014年、日本通信販売協会)
https://www.jadma.org/pdf/press/press_survey20140826.pdf
『平成26年度版　情報通信白書』(2014年、総務省)
『図解　国際物流のしくみと貿易の実務』鈴木邦成著(2010年、日刊工業新聞社)
『貿易物流実務マニュアル』石原伸志著(2007年、成山堂書店)
『International Freight Traffic』
U.S. Department of Transportation Bureau of Transportation Statistics, Transportation Statistics Annual Report 2013 (2013)
『2017年度(平成29年度)温室効果ガス排出量』(2018年、環境省)
経済産業省『平成30年度　我が国におけるデータ駆動型社会に係る基盤整備』(2019年5月)
公益社団法人鉄道貨物協会『平成30年度本部委員会報告書』(2019年、公益社団法人鉄道貨物協会)
公益財団法人高速道路調査会『欧米の高速道路政策 新版』(2018年、公益財団法人高速道路調査会)
中国宅配協会『2018年中国宅配発展指数報告』
国土交通省HP　http://www.mlit.go.jp/seisakutokatsu/freight/re_delivery_reduce.html
外務省HP　https://www.mofa.go.jp/mofaj/gaiko/tpp/index.html
https://www.aboutamazon.com/amazon-fulfillment/our-fulfillment-centers/
https://www.aboutamazon.com/working-at-amazon/our-global-offices
https://www.mlit.go.jp/report/press/kaiji07_hh_000080.html
http://www.classnk.or.jp/hp/ja/activities/statutory/ballastwater/index.html

本書の発案者で、筆者の良き理解者であった
海事プレス社 故寺西伸二氏に本書を捧ぐ

著者略歴

浜崎　章洋（はまさき　あきひろ）

大阪産業大学 経営学部 商学科 教授

1969年生まれ。神戸大学大学院経営学研究科博士前期課程修了。

タキイ種苗、日本ロジスティクスシステム協会勤務。その後コンサルティング会社設立を経て現職。

2004年度、2013年度日本物流学会賞受賞。第12回鉄道貨物振興奨励賞特別賞受賞。

著書に『通販物流』（共著、海事プレス社）、『ロジスティクス・オペレーション2級』（共著、社会保険研究所）、『Logistics Now2005』(共著、輸送経済新聞社)など。

改訂第2版　ロジスティクスの基礎知識

—フレッシュマン必携本—

2015年9月1日　初版発行
2020年3月1日　第2版発行

著者　浜崎　章洋

発行人　植村　史久
発行所　株式会社　海事プレス社
〒101-0032
東京都千代田区岩本町2-1-15　吉安神田ビル3階
電話　編集:03-5835-4167　販売:03-5835-4162
https://www.kaiji-press.co.jp/

印刷・製本　株式会社　国府印刷社

※落丁・乱丁本はお取り替えいたします。
※定価はカバーに表示してあります。
ISBN978-4-905781-58-5
Printed in Japan